トレーニングノートβ 古文

はじめに

本書は、「トレーニングノートα」の上級編として、大学入試を念頭に置いて、古文の実戦力養成を目的とした問題集である。

問題は、大学入試問題から、比較的やさしいものを選び、配列は、「トレーニングノートα」に準じて、設問の難易度を考慮した。

語注は、辞書などでは理解しにくい語の解説をしてあるが、できるだけ見ないで、自分のカンを働かせて設問に答えるようにしてください。本番の入試には、このような注が付いていないことが多いので、解答を済ませてから読んで、古文の知識を増やすようにしてください（問題文の後に付いている注は、入試問題でも付いていたものである）。

本書を十分に活用して古文読解の実戦力をつけ、大学入試に臨んでほしい。

本書の特色とねらい

(1) 問題文は、実際の入試問題を必要に応じて改作して、大学入試の実戦力養成を目標とした。

(2) 各問題は見開き二ページで構成し、解答はすべて書き込み式にした。

(3) 制限時間は二五分とした。問題文を読みながら、記号や傍線の部分に行き当たったら、すぐに、その部分についての問題を解く方法を勧める（入試本番ではもっと厳しい制限時間であり、ゆっくり全文を読んで、それから設問を見渡してなどという余裕はない）。

(4) 各設問ごとに配点を示し、各単元を五〇点満点とした。

(5) 解答し終わったら、別冊の解答・解説編で正答を確かめ、解説で理解を深めてください。

(6) 解説の後に「通釈」を入れてあるので、参考にしてください。

目次

1 小萩（こはぎ）がもと　源氏物語・桐壺……4

2 人が楼（ろう）に登るわけ　今昔物語集……6

3 罰をのがれた歌詠み　古本説話集……8

4 お灯明（とうみょう）をつけないで　西山物語……10

5 西行法師の桜の歌　山家集について……12

6 滝口の武士の出家　平家物語……14

7 逆向きのこま犬　徒然草……16

8 おしゃべりを嫌った父　折たく柴の記……18

9 逢坂（おうさか）の関のうぐいす　難後拾遺抄……20

10 後三条　愚管抄……22

11 鳥飼（とりかい）という題の歌　大和物語……24

12 菊花の約（ちぎり）　雨月物語……26

13 珍しい書物の扱い方　玉勝間……28

14 権威主義の役人　国意考……30

15 自分のための住居（すまい）　方丈記……32
16 歌の功徳（くどく）で玉の輿（こし）　古今著聞集……34
17 吉田中納言の出家　撰集抄……36
18 衣（きぬ）の裾（すそ）　源氏物語・東屋……38
19 千五百番歌合（うたあわせ）秘話　増鏡……40
20 紅葉狩り　しのびね……42
21 琴の名手仲忠（なかただ）　宇津保物語……44
22 藤原道長の横暴　大鏡……46
23 権大納言（ごんだいなごん）の北の方　とりかへばや物語……48
24 一条天皇の中宮　無名草子……50
25 藤原俊成（しゅんぜい）の代表作　無名抄……52
26 八講（はっこう）の見物　枕草子……54
27 出家の心得　徒然草……56
28 六と録の間違い話　宇治拾遺物語……58
29 「綱手かなしも」の歌　百首異見……60
30 木曾路の旅　更科紀行……62

1 小萩（こはぎ）がもと ―― 源氏物語・桐壺

時間 25分　得点 /50　〔　月　日〕

（光源氏の生母、桐壺（きりつぼ）の更衣の死後、靫負命婦（ゆげいのみょうぶ）が桐壺帝の勅使として光源氏を養育している故大納言の妻（桐壺の更衣の母）の邸を訪ねた場面の一節である。）

「命長さの、いとつらう思ひたまへ知らるるに、*松の思はむことだに、恥（はづ）かしう思ひたまへはべれば、*ももしきに行きかひはべらむことは、まして、いと憚（はばか）り多くなむ。かしこき仰せ言を、たびたびうけたまはりながら、みづからは①えなむ思ひたまへたつまじき。*若宮は、いかに思ほし知るにか、参りたまはむことをのみなむ、[a]思（おぼ）し急ぐめれば、ことわりに、②悲しう見たてまつりはべるなど、うちうちに、思ひたまふるさまを奏したまへ。ゆゆしき身にはべれば、かくておはしますも、③いまいましう、かたじけなくなむ」とのたまふ。

宮は大殿籠（おおとのごも）りにけり。「見たてまつりて、くはしう御（み）ありさまも奏しはべらまほしきを、[b]待ちおはしますらむに。夜更けはべりぬべし」とて急ぐ。

「くれまどふ心の闇もたへがたき片はしをだに、晴るくばかりに聞こえまほしうはべるを、私にも心のどかにまかでたまへ。年ごろ、うれしく*面だたしきついでにて、[c]立ち寄りたまひしものを、かかる御消息（せうそこ）にて見たてまつる、かへすがへすつれなき命にもはべるかな。生まれし時より思ふ心ありし人にて、故大納言、いまはとなるまで、ただ、『この人の宮仕への本意、かならず遂げさせたてまつれ。我亡くなりぬとて、口惜しう④思ひくづほるな』と、かへすがへす諫（いさ）めおか[あ]れはべりしかば、はかばかしう

語注

松の思はむこと…「いかでなほありと知らせじ高砂（たかさご）の松の思はむことも恥づかし」（『古今和歌六帖』）を踏まえた表現で、長寿の松に自分がまだ生きているのかと思われることの意。

ももしき…宮中の意。

若宮…光源氏を指す。

面だたしき…晴れがましい。

後見（うしろみ）思ふ人もなき交（まじ）らひは、なかなかなるべきことと思ひたまへながら、ただかの遺言を違（たが）へじとばかりに、出だしたてはべりしを、身にあまるまでの御心ざしの、よろづにかたじけなきに、人げなき、恥を隠しつつ、交らひ（d）たまふめりつるを、人のそねみ深くつもり、安からぬこと多くなり添ひはべりつるに、よこさまなるやうにて、遂にかくなりはべりぬれば、かへりてはつらくなむ、かしこき御心ざしを思ひたまへら（い）れはべる。」

問一　傍線部①の現代語訳として適切なものを次から選べ。（6点）

ア　とても参内を決意するような気になれそうもありません
イ　とても愛情を断ち切ってしまえそうにもありません
ウ　とても縁を切るような気になれそうにありません
エ　とても出家するような気になれそうにありません

問二　傍線部②の理由として適切なものを次から選べ。（6点）

ア　娘の死が思い出されるため。　イ　若宮と別れることになるため。
ウ　桐壺帝の愛情が続くと思えないため。　エ　若宮に嫉妬が集まるため。

問三　傍線部③の意味を書け。（8点）

問四　傍線部④は「志を捨ててはいけない」という意味である。「志」として当てはまるものを本文中から抜き出し、三字で書け。（8点）

問五　傍線部a～dの主語として適切なものをそれぞれ次から選べ。（各4点）

ア　故大納言の妻　イ　桐壺帝　ウ　靫負命婦
エ　若宮　オ　桐壺の更衣

問六　傍線部あ・いの文法上の意味として適切なものをそれぞれ次から選べ。（各3点）

ア　受身　イ　尊敬　ウ　自発　エ　可能

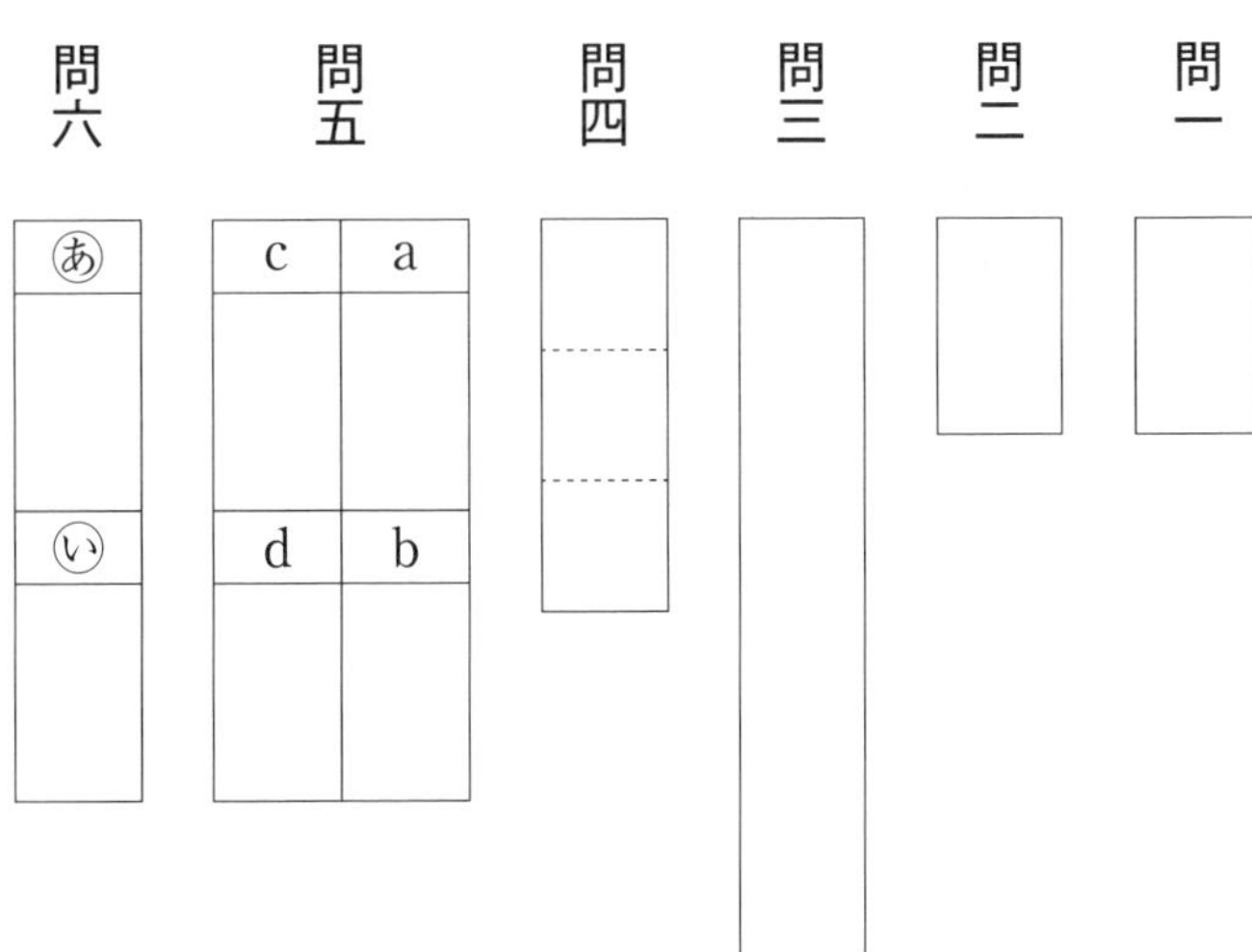

2 人が楼に登るわけ ―― 今昔物語集

時間 25分　得点 ／50　（　月　日）

今は昔、村上天皇の御代に、大江朝綱と云ふ博士ありけり。［A］ける学生なり。［B］道につきて公につかまつりけるに、いささかに、［C］ことなくして、つひに宰相までなりて、年七十余にしてうせにける。

その朝綱が家は二条と京極とになむありければ、東の川原はるかに見へ渡りて、月［D］見へけり。しかるに、朝綱うせて後、あまたの年を経て、八月十五日夜の月［E］明かりけるに、文章を好む輩十余人伴ひて、月をもてあそばむがために、「いざ、故朝綱の二条の家に行かむ」と云ひて、その家に行きにけり。

その家を見れば、ふるく荒れて人気なし。屋共に皆倒れ傾きて、ただかまど屋ばかり残りたるに、この人々やぶれたる縁に居並みて、月を興じて詩句を詠じけるに、

踏沙被練立清秋（沙を踏み練を被きて清秋に立つ）

月上長安百尺楼

と云ふ詩は昔、唐に白楽天と云ひける人、八月十五夜に月をもてあそびて作れる詩なり。それをこの人々詠じけるに、また故朝綱の文花の微妙なりし事どもを云ひ語らひける間、(ア)丑寅の方より、尼一人出で来たりて、問ひて云はく、「こは誰人の来たりて遊び給ふぞ」と。答へて云はく、「月を見むために来たれるなり。また汝はいかなる尼ぞ」と。尼の云はく、「故宰相殿に仕へし人は尼一人なむ今に残りて侍る。この殿に男女の仕へ人そのかず侍りしかども、皆死にはてて、おのれ一人けふあすとも知ら

語注

今は昔…説話文学の冒頭の決まり文句。「今となっては昔のことだが」と訳す。

博士…ハカセ。大学寮という役所の官名。学業を教えるのが任務。

学生…ガクショウ。学者。

文章…モンジョウ。詩文。

沙…砂。河原の砂。

もてあそびて…愛玩して。めでて。

文花の微妙…詩文の華麗秀逸。

間…その時。

遊び…普通は管弦の演奏だが、この場合は詩の吟詠。

そのかず…多数。

尼を感じて…尼の言葉に感動して。

似侍らず…違っております。

で侍るなり」と。道を好む人々はこれを聞きても、あはれに思ひて、尼*を感じて、或ひは泣く人もありけり。

しかるあひだ、尼の云はく、「そもそも、殿ばらの、[F]と詠じ給ひつる、いにしへ故宰相殿は[G]とこそ詠じ給ひしか。これは似*侍らず。[H]」と、「[I]」と云ふを、この人々聞きて、涙を流して尼を感ずる事かぎりなし。

問一 空欄[A]～[E]のいずれにも入らない語を次から選べ。（ただし、活用語は終止形で示してある。）(10点)

ア らうたし　**イ** としごろ　**ウ** いみじ　**エ** やむごとなし
オ おもしろし　**カ** こころもとなし

問二 傍線(ア)の方角として適切なものを次から選べ。(10点)

ア 北　**イ** 北東　**ウ** 東　**エ** 東南　**オ** 南　**カ** 南西　**キ** 西
ク 西北

問三 空欄[F]～[I]には、それぞれ次のa～dの、いずれかが入る。その順番が適切なものを、あとの**ア**～**カ**から選べ。(15点)

a 月によりて百尺の楼に上る　b 月はなにしに楼には上るべきぞ
c 月は長安の百尺の楼に上れり　d 人こそ月を見むがために楼には上れ

ア a―b―c―d　**イ** a―c―b―d　**ウ** b―c―d―a
エ c―a―b―d　**オ** d―a―b―c　**カ** d―b―a―c

問四 本文中に歴史的かな遣いに一致しない表記が二箇所（同一文字）あるが、それはどの文字か。適切なものを次から選べ。（本文中の形を答えること。空欄及び、漢字に付したふりがなの部分は除いて考えることとする。）(15点)

ア は　**イ** い　**ウ** お　**エ** ゐ　**オ** ふ　**カ** ひ　**キ** へ
ク を　**ケ** ぢ　**コ** え

問一 [　]　**問二** [　]　**問三** [　]　**問四** [　]

この詩は、『白氏文集』―ハクシモンジュウ―に見えるということになっているが、現存の本には出ていない。当時は『文集』とか『集』といえば、白楽天の詩集である『白氏文集』をさしたものである。なお、ブンシュウとは決して読まない。

3 罰をのがれた歌詠み ―― 古本説話集

時間 25分　得点　/50　（　月　日）

今は昔、大隅（おほすみ）のかみ（ア）の、国の政（まつりごと）＊した、め行なふ＊あひだに、＊郡（こほり）の司（つかさ）のしどけなき＊こと＊ども＊あり［(1)］ば、「めし＊にやりていましめむ＊」といひて、人やりつ＊。さき〴〵、＊かくしどけなきことある折は、罪にまかせて＊重く軽くいましむることあり。それひとたびにあらず、たび〳〵かさなりたることなれば、「これもいましめむ」とてめすなりけり。さて「こゝにめしてさふらふ」と申しければ①［A］さき〴〵するやうに、＊うちふせて尻頭にのぼるべき人、＊笞（しもと）を切りまうけて打つべき人などまうけてあるに［B］人二人して引き張りてゐ（イ）て来たるを見れば②、頭は黒き髪もまじらずいみじう白う、見るに打た［(2)］むことのいとほしう（a）おぼえければ、なにごとにつけてこれをゆるさむと思ふに、ことつく＊べきことなし。あやまちどもを片端より問ふに、たゞ老いをのみ高家にて、いらへをり③。［C］「おれ（b）はいみじきぬす人＊かな。さはありとも歌はよみ［(3)］むや」といふに、はか〴〵しう＊はあらずとも、つかまつりてむといらふ。「さは＊よめといへば［D］ほどもなくわなゝかしてうち出だす。「としをへてかしらにゆきはつもれどもしもとみるにぞみはひえにける」とよみたりければ、守、いみじう感じあはれがりて［E］ゆるしやりてけり。

問一　「いかにしてこれをゆるしてむと思ひて」が入る箇所として適切なものを［A］〜［E］から選べ。（4点）

問二　大隅のかみと郡の司の発言で「　」が抜けている部分が一つずつある。それぞれ最初と最後の二字を抜き出して書け。（各完答3点）

語注

したゝめ行なふ…とり行う。
あひだに…一時に。
郡の司…国司の下にあって一地方の政治を司（つかさど）る役。
しどけなき…締まりがない。
ことども…「ども」は複数を表す。多くの事。
めし…召し。呼び出し。
いましめむ…懲らしめよう。
やりつ…派遣した。
さき〴〵…以前にも。
罪にまかせて…罪に応じて。
うちふせて尻頭にのぼるべき人…尻と頭とに乗って押さえつける人。
笞を切りまうけて…むちを切って。準備して。（むちで打つのも刑罰の一種）
ことつく…かこつける。口実にする。
ぬす人…やつ。（人を罵る語）
はか〴〵しう…際だっている。
さは…それでは。

問三　空欄(1)〜(3)に入る助動詞を次の〔　〕内から選び、適当な活用形にあらためて答えよ。ただし同じ語は二度使用しないこと。（各3点）

〔らる・ず・す・さす・けり・つ〕

問四　波線部①〜③の主語は何か。本文中の語句を用いて書け。（各3点）

問五　二重傍線部a・bの語句の意味を書け。（各3点）

問六　和歌の中に含まれる比喩と掛詞（かけことば）について、左の空欄㋐〜㋓に適切な漢字一字を書け。（比喩・掛詞とも完答で各3点）

・比喩……㋐を㋑にたとえた

・掛詞……㋒と㋓とを掛けた

問七　この作品と同じジャンルに属するものを次から二つ選べ。（各2点）

ア　奥の細道　イ　古今和歌六帖　ウ　今昔物語集

エ　千載集　オ　日本霊異記　カ　枕草子

問八　傍線部(ア)「かみ」、(イ)「ゐ」に相当する漢字を、それぞれ次から選べ。（各1点）

(ア)ア　神　イ　伯　ウ　上　エ　頭　オ　守　カ　督

(イ)ア　率　イ　射　ウ　居　エ　以　オ　為　カ　依

問九　点線部「老いをのみ高家にて」の意味として適切なものを、次から選べ。（4点）

ア　年長者ということで、偉そうに構えて

イ　自分は老人であるということばかりを大声で述べ立てて

ウ　自分は老いぼれたものでということだけを口実にして

エ　老いてはいるが、高い家柄の出なので

オ　老人の後ろだての権勢の家の力を頼みとして

問一　[　]

問二　大隅のかみ　[　]〜[　]　郡の司　[　]〜[　]

問三　(1)　(2)　(3)

問四　①　②　③

問五　a　b

問六　比喩 ㋐ ㋑　掛詞 ㋒ ㋓

問七　[　][　]

問八　(ア)　(イ)

問九　[　]

4 お灯明(とうみょう)をつけないで ―― 西山物語

やうやう涼しき風吹き出でて、月の影*もきよら(a)なるに、すこし人ごこち*出で来て、夜ばかりはせめて*起きあがりつつ、しめやかなる火*かき照らして、歌物語などよむに、我がごと①ものおもひけるひともむかしよりおほかりき。さて寝られぬままに、

秋の夜のあくるもしらず啼(な)く虫は我がごと物やかなしかる[　　]

こよひはけ(b)におもひ出でつつ、ただ涙のながるるに、御経ひと巻よみ奉らむと、おもひつつ、奥床*(おくとこ)を見れば、②虫などのしけむ、みあかしふたところまで消ちたり。尼たちもいびきあはせてふし給へるに、火をうち出だして*御あかしを照らし、提婆品*といふ御巻をぞこころしづかによみ奉りける。さてさとりの道には、③をとこをみなの相(すがた)なしてふ事を、わたつみ(c)のむすめに説きたまひし所にいたりて、燈又ふたところながら*くらくなるに、御経をよみさして*立ちてかかげむ*とすれば、火はそのままに照らさでよ*といふ声す。さて見れば白き衣(きぬ)を身にひきまとひたるをとめの、かしら*の髪はいと黒くてうつふしにふしゐたり。

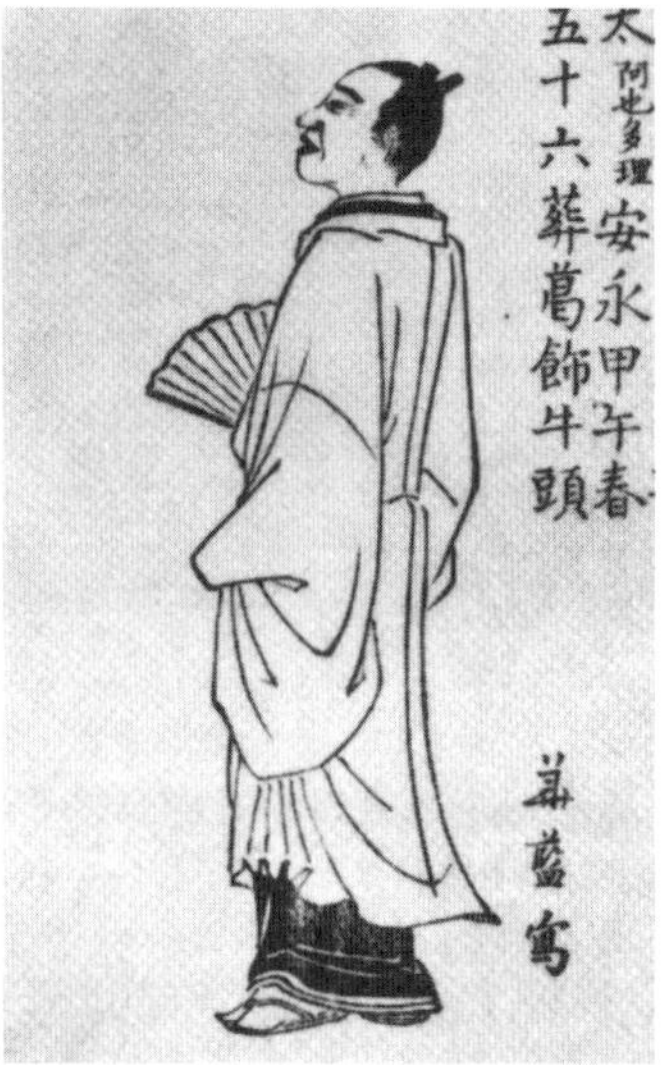

時間 25分　得点 /50　（　月　日）

語注

- **月の影**…月の光。
- **人ごこち**…生き返ったような気持ち。
- **せめて**…強いて。
- **火**…ともしび。
- **奥床**…奥の寝床。
- **うち出だして**…火打ち石で火をつけて。
- **提婆品**…ダイバホン。法華経の内の一巻。
- **ふたところながら**…二箇所とも。
- **よみさして**…読むのを途中でやめて。
- **かかげむ**…火を掻き立てて明るくしよう。
- **照らさでよ**…照らさないでよ。
- **かしら**…頭部。

上の写真は『西山物語』の作者、建部綾足の肖像である。綾足の視線の先には山水が描かれている。「悠然として南山を見る」ではないが、只者ではない気魄がこもっている。北尾重政筆。

問一　傍線部a～cの意味として適切なものをそれぞれ次から選べ。（各4点）

a　きよら　ア 清澄　イ 幽玄　ウ 艶美　エ 鮮明

b　けに　ア 本当に　イ 実際に　ウ 不思議に　エ 突然に

c　わたつみのむすめ　ア 橋姫　イ 織姫　ウ 竜女　エ 天女

問二　傍線部①に相当する適切な人物を次から選べ。（5点）

ア 在原業平　イ 藤原道長　ウ 西行　エ 後鳥羽院

問三　空欄□に入る言葉として適切なものを次から選べ。（6点）

ア なり　イ べし　ウ らむ　エ かは

問四　「秋の夜の」の歌の主題として適切なものを次から選べ。（6点）

ア 寂しさ　イ 恋　ウ 述懐　エ 哀傷

問五　傍線部②は、何をしたことを推測しているのか。十五字以内で簡潔に説明せよ。（6点）

問六　傍線部③を現代語訳せよ。（6点）

問七　次の『西山物語』の解説文中の、空欄 A ～ C に入る言葉として適切なものを次の語群から選べ。（各3点）

『西山物語』は、建部綾足（たけべあやたり）が、たまたま明和四年（一七六七）十二月三日に洛外修学院村一乗寺の名主、渡辺団治邸で発生した同族の農夫源太による妹やゑ斬殺事件に取材した A 小説で、古物語風に B 体で書かれ、後の曲亭馬琴（きょくていばきん）らの C 本につながるものである。

A　ア 伝奇　イ 風俗　ウ 風刺　エ 人情

B　ア 会話　イ 雅文　ウ 説話　エ 戯文

C　ア 洒落　イ 滑稽　ウ 人情　エ 読

問一　a　b　c

問二

問三

問四

問五

問六

問七　A　B　C

綾足は、父は陸奥弘前（むつひろさき）藩の重代家老、母は高名な学者の娘、祖母は山鹿素行（やまがそこう）の娘という素晴らしい家系に生まれながら、二十歳の春を境に亡命者とならざるをえなかった。原因は兄嫁との道ならぬ恋であった。遂に兄嫁をつれて出奔しようとしたが、未然に発覚、自害も許されなかったのは、家門の名誉の為であったという。放浪の生涯は五十六歳で終わる。

5 西行法師の桜の歌 ―― 山家集について

時間 25分　得点 /50　〔　月　日〕

『山家集』を読めばすぐ明らかに分るように、西行はふかく桜に魅入られた人間であり、数知れぬほど多く桜の歌を作っている。それに関して見逃しえないのは、散る桜、散る花を詠じたものがきわめて多いということに他ならない。西行はただ枝々に咲きつづけ、咲きとどまる花を歌ったのではなかった。散らない桜は桜ではなかった。散るところにこそ、この花の真のすがたがあらわれていた――西行はこう考えていたのではないかという気がつよくしてくるのである。［A］すれば、いくつか、そういう和歌をあげていってみよう。

あくがるる心はさてもやまざくら散りなんのちや身にかへるべき（六七）
風越の峯のつづきに咲く花はいつ盛りともなくや散るらん（八三）
ならひありて風さそふとも山桜尋ぬるわれを待ちつけて散れ（八四）
吉野山谷へたなびく白雲は峯の桜の散るにやあるらん（一一〇）
もろともにわれをも具して散りね花憂き世をいとふ心ある身ぞ（一一八）
眺むとて花にもいたく馴れぬれば散る別れこそ悲しかりけれ（一二〇）
いざ今年散れと桜を語らはんなかなかさらば風や惜しむと（一五〇）

これら七首は『山家集』の上巻、春の部からの引用だが、これだけでも「［B］」について、さまざまな趣を呈しているのが読みとれるだろう。「［C］」の中にすべてがある、と言っている気配もする。（一一〇）のように、吉野山の世に名高い桜にむ

語注

山家集…西行の家集。（個人の歌集を「家集」という）

やまざくら…「やまず」と「山桜」を掛けている。

風越の峯…長野県飯田市の西方にある木曽山脈の一峯。歌枕。（古来多くの歌に詠まれた名所）

ならひ…そのような古来のきまり。

待ちつけて…待ってから。

語らはん…説得しよう。

なかなか…かえって。

さらば…そうしたならば。


西行法師は文治六年二月十六日に没したが、彼は生前「願はくは花の下にて春死なむ　そのきさらぎの望月のころ」と詠んでいた。それで、「西行忌」は旧暦二月十五日に行われ、俳句の春の季語となっている。

　しをりして山家集あり西行忌　虚子

かって、文字通りにその散るのを惜しむ素直な作もあるし、(一一八)のように、散るというのなら、心に憂さを秘めているこの私も伴っていっしょに散ってくれ、と要求している歌もある。また(一五〇)の歌などは、②今年はいつもの年とは反対に、桜に対して早く散ってくれと言ってみよう、風は花を散らすのを惜しんでくれるかもしれない、といかにも技巧的な詠みぶりである。

(高橋英夫の文による)

問一 傍線部①の意味として適切なものを次から選べ。(8点)

ア とりつかれた　**イ** 魅力を取り入れた

ウ 魅力を感じとった　**エ** 身動きがとれなくなった

オ 夢中にさせられた

問二 空欄[A]に入れるのに適切なものを次から選べ。(8点)

ア 極言　**イ** 換言　**ウ** 公言　**エ** 放言　**オ** 過言

問三 空欄[B][C]には同じ語が入る。(a)その語(終止形)を答え、さらに、(b)本文中の西行の歌の中では用いられていないその語の活用形が二つある。何形と何形か答えよ。(a―8点・b―各5点)

問四 傍線部②で、筆者は西行のどのような願望が込められていると解釈しているか。適切なものを次から選べ。(8点)

ア 今年は、自分が桜に語りかけること。

イ 今年は、桜に「早く散ってくれ」と言うこと。

ウ 今年は、風が花の散るのを惜しんでくれること。

エ 今年は、自分ではなく花自身が散るのを惜しむこと。

オ 今年は、自分ではなく風が桜を散らすこと。

問五 本文中の西行の歌の中で、三句切れの歌の番号をすべてあげよ。(8点)

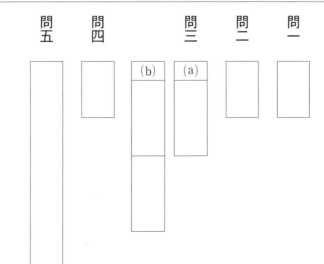

問一	問二	問三		問四	問五
		(a)	(b)		

6 滝口の武士の出家 ——平家物語

時間 25分　得点 /50　（　月　日）

横笛(よこぶえ)といふをんなあり。滝口是(これ)を最愛す。父是をつたへ聞いて、「［A］のむこになして、*出仕なんどをも心やすうせさせんとすれば、*世になき者を思ひそめて」と、*あながちに①いさめければ、滝口申しけるは、「*西王母(せいわうぼ)ときこえし人、昔はあッて今はなし。*東方朔(とうばうさく)と*いッし者も、名をのみ聞きて目には見ず。*老少不定(らうせうふぢやう)の世の中は、*石火の光にことならず。たとひ人長命といへども、七十八十をば過ぎず。そのうちに身の*さかむなる事は、わづかに廿(にじふ)余年なり。夢まぼろしの世の中に、みにくき者をかた時も*見て何かせん。［B］を見むとすれば、父の命をそむくに似たり。是*善知識(ぜんちしき)なり。しかじ、うき世を厭(いと)ひ、まことの道に入りなん」とて、十九のとし*もとどりきッて、嵯峨(さが)の往生院(わうじやうゐん)におこなひすましてゐたりける。横笛これをつたへきいて、「②われをこそすてめ、*様をさへかへけむ事のうらめしさよ。たとひ世をばそむくとも、などかかくと知らせざらむ。人こそ心強くとも、たづねて*恨みむ」と思ひつつ、ある暮がたに都を出でて、嵯峨の方へぞ③あくがれゆく。

ふと聞けば滝口入道の読経の声がする。せめて出家なさったお姿を一度拝見したいという横笛の願い(上図)をもつれなく断った滝口は高野山に移ってしまう。やがて、横笛も尼になったが、思いがつのったせいか、いくばくもなく死んでしまう。滝口はいよいよ修行に専心したので、父も勘当を許し、人々も入道を尊信して高野の聖と申したという。

語注

- **出仕**…宮仕え。
- **世になき者**…世間から見捨てられている者。身分の低い者。
- **あながちに**…ひどく。
- **西王母**…中国神話の女神で、不死の薬を持つと信じられていた。
- **東方朔**…仙術の心得があり、長寿であったという伝説上の人物。
- **いッし者**…「言ひし者」の促音便。こういう音便は軍記物語の特徴。
- **老少不定**…老人が早く、若者が後で死ぬとは限らないこと。
- **石火の光**…火打ち石の一瞬の光。
- **さかむなる**…盛んなる。
- **見て**…結婚して。
- **善知識**…人を仏道に入らせるよい機縁。
- **もとどり**…髪を束ねた所。
- **様をさへかへけむ**…出家までした。
- **恨みむ**…恨みを言おう。「恨み」はマ行上二段活用「恨む」の未然形。

問一　空欄［A］、［B］に入る語句として適切なものをそれぞれ次から選べ。（各5点）

ア　しれ者　イ　思はしき者　ウ　道心者　エ　世にあらん者

問二　傍線部①と同じ意味を持つ熟語を次から選べ。（10点）

ア　直言　イ　箴言（しんげん）　ウ　謹言　エ　諫言（かんげん）

問三　傍線部②の意味として適切なものを次から選べ。（10点）

ア　自分を捨てるのはよいが

イ　自分の我を押し通すのはよそう

ウ　きっと自害なさるに違いない

エ　自分のほうこそ出家してしまおう

問四　傍線部③「あくがれゆく」とあるが、ここで表されている横笛の気持ちとして適切なものを次から選べ。（10点）

ア　滝口への憧れの気持ちが強く、再会を期して心が浮き立つような感じ

イ　失恋の痛手で魂が身体から抜けたような、ぼんやりとしてさまよう感じ

ウ　出家した滝口にお願いし、自分も出家を許してもらおうというひたむきな感じ

エ　春はまだ浅いとはいえ、嵯峨野の美しさにうっとりとなり、気持ちがうわついていく感じ

問五　本文は、『平家物語』の一節である。『平家物語』に語られた平家の滅亡と同時代に生きた人物を次から選べ。（10点）

ア　紀貫之　イ　紫式部

ウ　西行法師　エ　吉田兼好

問一	A		B	
問二				
問三				
問四				
問五				

平家物語は、物語の成立した時から琵琶（びわ）法師によって語られていた。法師は盲人であったため、呪術的・超人的能力があると信ぜられ、哀調を帯びた語りを一層引き立てていたであろうと思われる。

7 逆向きのこま犬 ―― 徒然草

時間 25分　得点 /50　〔　月　日〕

丹波(たんば)に出雲(いづも)と言ふ所あり。*大社(おほやしろ)を移して、めでたく造れり。しだのなにがしとかや*しる所なれば、秋のころ、聖海上人(しやうかいしやうにん)、その外も、人数多(あまた)さそひて、「*いざ給(たま)へ、出雲拝みに。*かいもちひ召させん」とて、具しもて行きたるに、おのおの拝みて、ゆゆしく*信おこしたり。*御前(おまへ)なる獅子(しし)・狛犬(こまいぬ)、*背きて、後ろさまに立ちたりければ、①上人いみじく感じて、「あなめでたや。この獅子の立ちやう、いとめづらし。深き故あらん」と涙ぐみて、「*いかに殿原(とのばら)、*殊勝の事は御覧じとがめずや。②無下なり」と言へば、おのおの怪しみて、「誠に他にことなりけり。*都のつとに語らん」など言ふに、上人なほ*ゆかしがりて、*おとなしく物知りぬべき顔したる神官を呼びて、「この御社(みやしろ)の獅子の立てられやう、定めて習ひあることに侍(はべ)らん。③ちと承らばや」と言はれければ、「その事に候ふ。④さがなき童(わらは)どもの仕りける、⑤奇怪に候ふことなり」とて、さし寄りて、据ゑなほして往(い)にければ、上人の感涙*いたづらになりにけり。

問一 傍線部①「上人いみじく感じて」とあるが、上人はどんなことにどのように感じたのか。適切なものを次から選べ。（13点）

ア 神殿の御前にある獅子と狛犬とが互いに後ろ向きに立っていることを、尊く感じた。

イ 神殿の御前にある獅子と狛犬とがあまりにも尊く荘厳であったことに、深い感動を覚えた。

語注

大社を移して…出雲大社の神霊を申し請(う)けてここへ移し。
しる…領有する。
いざ給へ…いざ、出かけ給へ。
かいもちひ召させん…ぼた餅をご馳走(ちそう)しましょう。（人を誘う時の決まり文句）
信おこしたり…信心の気持ちを持った。
御前…神前。
背きて、後ろさまに…互いに背を向けて後ろ向きに。
いかに殿原…なんと皆さん。
殊勝の事…すばらしいこと。
都のつと…都への土産(みやげ)話。
ゆかしがりて…知りたがって。
おとなしく…年とって貫禄(かんろく)のある。
いたづらに…無駄に。

ウ　神殿の御前にある獅子と狛犬とが古びてみじめな姿になっていたことを、ひどく哀れに思った。

エ　神殿の御前にある獅子と狛犬とが自分たち参拝者に対して背を向けているのを見て、いたく感じ入った。

オ　神殿の御前にある獅子と狛犬とがあたかも争っているかのように互いに後ろ向きに据えられていることに、驚異の念を感じた。

問二　傍線部②、④、⑤の意味として適切なものをそれぞれ次から選べ。（各8点）

②　無下なり

ア　無駄なことだ　　イ　りっぱなことだ　　ウ　不思議なことだ

エ　おめでたいことだ　　オ　情けないことだ

④　さがなき童ども

ア　罪のない子供たち　　イ　神罰を恐れない子供たち

ウ　いたずらな子供たち　　エ　無邪気な子供たち　　オ　年の若い子供たち

⑤　奇怪に候ふこと

ア　不思議なこと　　イ　不気味なこと　　ウ　怪しいこと

エ　けしからぬこと　　オ　そら恐ろしいこと

問三　傍線部③「ちと承らばや」の「ばや」と同じ語を次から選べ。（13点）

ア　秋の世の千夜を一夜になずらへて八千夜し寝ばや飽く時のあらむ（伊勢物語）

イ　五月来ば鳴きも古りなむほととぎすまだしき程の声を聞かばや（古今集）

ウ　心あてに折らばや折らむ初霜のおきまどはせる白菊の花（古今集）

エ　久方の月の桂も秋はなほもみぢすればや照りまさるらむ（古今集）

オ　浅からぬしたの思ひを知らねばやなほかがり火の影は騒げる（源氏物語）

問一	問二		問三
	②	⑤	
	④		

8 おしゃべりを嫌った父 ―― 折たく柴の記

時間 25分　得点 ／50　（　月　日）

①むかし人は、いふべき事あればうちいひて、その余はみだりにものいはず、いふべき事をも、いかにもことば多からで、其の義を尽(つく)したりけり。我が父母にてありし人々もかくぞおはしける。父にておはせし人のその年七十五になり給(たま)ひし時に、傷寒をうれへて、事きれ給ひなんとするに、医の来(きた)りて独参湯をなむすすむべしといふなり。よのつねに人にいましめ給ひしは、「年わかき人はいかにもありなむ。よはひかたぶきし身の、いのちの限りある事をもしらで、薬のためにいきぐるしきさまして終(をは)りぬるはわろし。あひかまへて心せよ」とのたまひしかば、此(こ)の事いかにやあらむといふ人ありしかど、疾喘(しつぜん)の急なるが、見まゐらするもこころぐるしといふほどに、生(しや)薑(うが)汁にあはせてすすめしに、それよりいき出で給ひて、つひにその病愈(い)え給ひたりけり。後に母にてありし人の、「いかに、此の程は人にそむきふし給ふのみにて、また物のたまふ事もなかりし」ととひ申されしに、「されば、頭のいたむ事殊に甚(はなはだ)しく、我いまだ人にくるしげなる色みえし事もなかりしに、日比(ごろ)にかはれる事もありなむには、しかるべからず。また世の人熱にをかされて、ことばのあやまち多かるを見るにも、②しかじ、いふ事なからむにはと思ひしかば、③さてこそありつれ」と答へ給ひき。これらの事にて、④よのつねの事ども、おもひはかるべし。かくおはせしかば、あはれ、問ひまゐらせばやとおもふ事も、いひ出でがたくして、うちすぐる程に、うせ給ひしかば、さてやみぬる事のみぞ多かる。

語注

- **多からで**…多くなくて。
- **其の義**…言いたいことの趣旨。
- **父母にてありし人々**…父母。（端的に言えば父母だが、これを婉曲に表現した言い方）
- **傷寒**…はげしい熱病。
- **うれへて**…患(わずら)って。
- **事きれ給ひ**…お亡くなりになり。（自分の父母に対しても、敬語表現を使うことが多い）
- **独参湯**…ドクジントウ。気付け薬として用いる煎(せん)じ薬。
- **いかにもありなむ**…どうやっても、よいだろう。
- **よはひ**…年齢。
- **あひかまへて心せよ**…よくよく用心して、気をつけなさい。
- **疾喘**…息のせわしくなる病気。
- **そむき**…背を向けて。
- **色みえし**…顔色を見せた。（「見え」は、見せる）
- **日比**…日頃。ふだん。
- **やみぬる**…そのままに終わった。

問一　傍線部①「むかし人」とはどういう人か。適切なものを次から選べ。（8点）

ア　言うべきこともめったに言わない人。
イ　あまりものを言わない人。
ウ　言うべきことを無駄なく言う人。
エ　余計なことは言わない人。

問二　傍線部②を、倒置されている語を本来の順に直して現代語訳せよ。（12点）

問三　傍線部③「さてこそありつれ」の、「さて」の指している箇所の最初と最後の五字を抜き出して書け。（12点）

問四　傍線部④の意味として、適切なものを次から選べ。（8点）

ア　普段の様子のこと。　イ　世間の普通のこと。
ウ　日常の一般のこと。　エ　世の中の無常のこと。

問五　作者は父のことをどう思っているか。適切なものを次から選べ。（10点）

ア　嫌悪している。　イ　批判している。
ウ　尊敬している。　エ　遺憾に思っている。

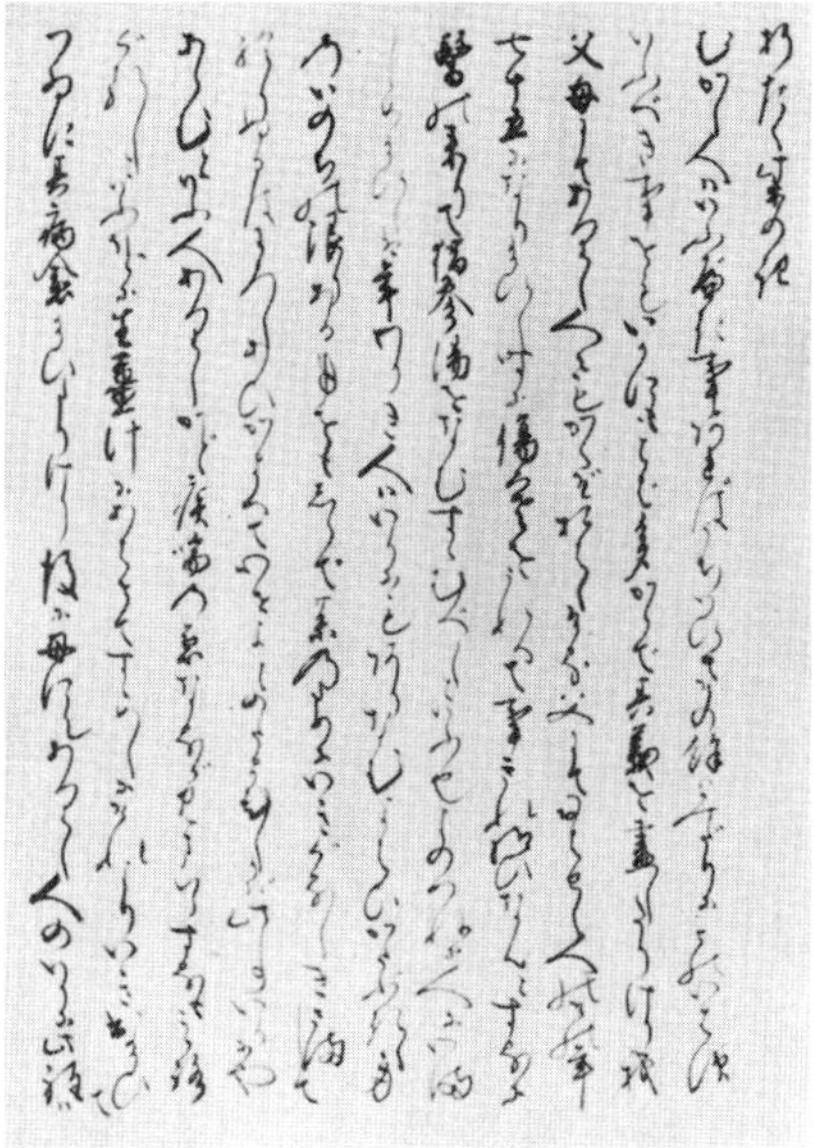

問一

問二

問三

〜

問四

問五

『折たく柴の記』上巻の冒頭部分「父にておはせし人は、四歳にして母におくれ（死別し）、九歳にして父におくれ給ひしかば、父母の御事、詳（つまびらか）なる事はしらぬ也と仰せられき…」と、始まっている。問題文は、これより前の序文に当たる部分である。上は白石の肖像。

9 逢坂の関のうぐいす

難後拾遺抄

時間 25分　得点 /50　（　月　日）

＊後拾遺とて、このごろ世にかきさわぐ集ありとて、①人のもたるをいとまいとまに人によませて聞きつれば、いとをかしうおぼゆる歌もあり、またいかがあらんとおぼゆるもあれば、これを書き出だして、②それはさぞといふ人あらば、げにとも思はんとてなり。このなかに＊やんごとなき歌詠みの＊詠めると、書付けられたる歌の心得がたきもあれば、それをも＊恐ろしながら書付けたるなり。③これは心の及ばぬにもあらん。よみ人をも歌の言葉をも、かきたがへたるもやあらん。おほかた聞きて、腹立ちそしる人もありなん。＊ゆめゆめ。

Ⓐ　正月二日あふさかの関にて鶯の鳴くを聞きて　　よみ人知らず

ふるさとへ行く人あらばことづてん今日うぐひすのはつねききつと

あふさかの関にて鶯の初音を聞きていとをかしければ詠めるか。さらばあふさかにいふことあるべし。④さらずはさせることなし。

問一　傍線部①の意味として、適切なものを次から選べ。（10点）

ア　ある人が私に持って来てくれましたので、それを合間合間に読んでもらって、その感想を聞きましたところ

イ　ある人が私に持って来てくれましたので、それを合間合間に口で詠んでもらって、聞きましたところ

ウ　ある人が持っていたのを、合間合間に読んでもらって、その感想を聞きましたところ

語注

後拾遺…勅撰第四番目の和歌集。

やんごとなき…「捨てておけない」というのが元の意味だが、それから転じて「大切にしなければならない」、さらに転じて「第一流の」という意味になった。ここでは、その最後の意味。

詠めると…「やんごとなき歌詠みの詠める」と「書付けられたる歌の心得がたき」は逆接の関係になるので、「と」という助詞は、逆接に解釈せねば意味が通じない。（この「と」は「とも」と同じで逆接の接続助詞である）

恐ろしながら…恐ろしいと感じながらも。

ゆめゆめ…決して。下に「他意はない」という表現を補う。

＜逢坂山関址＞

エ　ある人が持っていたのを、合間合間に口で詠んでもらって、聞きましたところ

問二　傍線部②の意味として、適切なものを次から選べ。（10点）

ア　作者の真意はこういう意味であって、あなたの批判は当たりませんよと教えてくれる人があったら、なるほどそうなのかと納得しようと思って書き出したのです。

イ　あなたのおっしゃる通りですと賛成してくれる人があったら、私の考えの正しいことが確認できると思って書き出したのです。

ウ　あなたのおっしゃる通りですと賛成してくれる人があったら、『後拾遺和歌集』の撰者（せんじゃ）の方もなるほどと納得されるだろうと思いまして書き出したのです。

問三　傍線部③の意味として、適切なものを次から選べ。（15点）

ア　撰者の理解力不足によるのかもしれない。

イ　私の理解力不足によるのかもしれない。

ウ　歌の表現ばかりが先行して、作者の真意が伝わらないのかもしれない。

エ　作者の心ばかりが先行して、表現が伴わないのかもしれない。

問四　傍線部④は、Ⓐの歌のどのような点への批判なのか。その説明として、適切なものを次から選べ。（15点）

ア　地名の「あふさか」に「会う」の意を重ねてこそ意味があるのに、鶯の初音にのみ関心を集中させている点。

イ　地名の「あふさか」に「会う」の意を重ねてこそ意味があるのに、その地名を歌に詠み込んでいない点。

ウ　「あふさかの関」と「鶯」の組み合わせこそ歌枕として重要であるのに、鶯の初音にのみ関心を集中させている点。

エ　「あふさかの関」と「鶯」の組み合わせこそ歌枕として重要であるのに、その地名を歌に詠み込んでいない点。

問一	問二	問三	問四

10 後三条 ―― 愚管抄

時間 25分　得点 /50　（　月　日）

左大臣*は父の宇治殿*から内裏へ毎日通うように言われていた。それに従い通っていると、ある日天皇*から話し相手に呼ばれた。左大臣は天皇に、娘がいるかと聞かれると、かわいがっている娘がいると答えた。

これを聞こし召して、「さやうの娘持たらば、とくとく東宮*へ参らせらるべきなり」と仰せられけるを、承り畏（かしこ）まりて、やがて御前（a）を立ちて、①世間もおぼつかなかりつるに、②今はひしと世は落ちゐぬる事、急ぎ宇治殿に聞かせ参らせんと思して、内裏より夜更けてやがて宇治へ入られければ、「人走らせて宇治の掛け替への所々へ、引き替への牛参らせせよ」とて、宇治へ赴かせ給ひけり。身も堪へ心も健（すく）よかなるほど推し量られてありけるに、宇治にはまた、入道殿*は小松殿といふ所に御座しけるが、何となく目うちさまして、「心の騒ぐやうなる」とて、御前（b）に火ともして、「京の方に何事かあるらん」など仰せられければ、その時まで宇治*の辺は、③人も居黒みたるさまにてもなくて、木幡（こはた）*、岡屋（をかのや）*までもはるばると見やられてありけるに、人参りて、「京の方より火の多く見え候ふ」と申しければ、あやしみ思へるに、「よく見よ」と仰せられけるほどに、「ただ多（おほ）に多くなり候ひて、宇治の方へ参（まう）で来候ふ」と申しければ、「左府（さふ）*などの来るにや。夜中あやしきことかな」とて、「よくきけ。見よ」など仰せられけるほどに、随身の前駆（さき）の声かすかにしければ、かうかうと申しければ、④さればよと思して、「火しろくかかげよ」など仰せられてありけり。

語注
左大臣・左府…藤原師実（ふじわらのもろざね）。藤原頼道（よりみち）の息子。
宇治殿・入道殿…藤原頼道。
天皇…後三条天皇。
東宮…後の白河（しらかわ）天皇。
宇治・木幡・岡屋…ともに京都府宇治市内の地名。

問一　傍線部①の解釈として適切なものを次から選べ。（8点）

ア　娘は世の中をまだよく知らないのに
イ　宇治殿はおとろえてしまったので
ウ　東宮は世の中をご存じないため
エ　藤原氏の勢いが安心できない状況のため

問二　傍線部②の理由として適切なものを次から選べ。（8点）

ア　宇治殿が健康なため
イ　娘の入内が決まったため
ウ　左大臣になることが決まったため
エ　天皇と話ができたため

問三　傍線部③の様子として適切なものを次から選べ。（8点）

ア　人が密集している。
イ　人々が落ち込んでいる。
ウ　人が訪ねてこない。
エ　暗くて顔が見えない。

問四　傍線部④「さればよ」の内容を書け。（10点）

問五　傍線部a・b「御前」とは誰か。適切なものをそれぞれ次から選べ。（各4点）

ア　東宮　　イ　天皇
ウ　宇治殿　　エ　左大臣

問六　本文を二つに分ける場合どこで分ければよいか。後半部分の最初の二字を抜き出して書け。ただし句読点は含まない。（8点）

問一	問二	問三	問四	問五	問六
				a b	

11 鳥飼(とりかい)という題の歌 ―― 大和物語

時間 25分　得点 ／50　〔　月　日〕

＊亭子(ていじ)の帝(みかど)、＊鳥飼院(とりかひのゐん)におはしましにけり。例のごとく、御遊びあり。「このわたりの＊うかれめども、あまたまゐりてさぶらふなかに、声おもしろく、①よしあるものははべりや」と問はせたまふに、うかれめばらの申すやう、「大江(おほえ)の玉淵(たまぶち)がむすめと申す者、めづらしうまゐりてはべり」と申しければ、＊見せたまふに、②さまかたちも清げなりければ、＊あはれがりたまひて、うへに召しあげたまふ。「そもそもまことか」など問はせたまふに、鳥飼といふ題を、みなみな人々に詠ませたまひにけり。おほせたまふやう、「玉淵はいとらうありて、歌などよく詠みき。この鳥飼といふ題をよくつかうまつりたらむに＊したがひて、まことの子とはおもほさむ」とおほせたまひけり。うけたまはりて、すなはち、

＊あさみどりかひある春にあひぬればかすみならねど③たちのぼりけり

と詠む時に、帝、＊ののしりあはれがりたまひて、御［　　］たまふ。人々もよく酔(ゑ)ひたるほどにて、酔ひ泣きいと二なくす。帝、御袿(うちき)ひとかさね、はかまたまふ。「ありとある上達部(かんだちめ)、みこたち、四位五位、これに物ぬぎてとらせざらむ者は、座より立ち④ね」とのたまひければ、かたはしより、上下(かみしも)みな＊かづけたれば、かづきあまりて、＊ふた間ばかり積みてぞ置きたりける。かくて、かへりたまふとて、南院の七郎君といふ人ありけり、それなむこのうかれめの住むあたりに、家つくりて住むときこしめして、それになむ、⑤のたまひあづけたる。「ᵃかれが申さむこと、院に奏せよ。院よりたまは

語注

亭子の帝…宇多天皇。
鳥飼院…鳥飼という所にあった離宮。
うかれめ…遊女。
見せたまふ…「見せ」は尊敬語の「見す」（サ行下二段活用）の連用形。御覧になる。
あはれがり…大江玉淵（在原業平(ありわらのなりひら)の親戚）の娘で、それが美しく成長しているので一層感慨深い。
したがひて…それによって。
あさみどり…「あさみどりかひある」に鳥飼という地名が隠し詠み込まれている。こういう技巧が用いられているのはよい歌の条件である。
ののしり…大声で褒めたてて。
かづけ…衣服を与え。
ふた間…二つの室ではない。柱と柱の間を一間(ひとま)と言うから、柱三本の間である。
とぶらひ…訪れて。
かへりみける…世話をした。

せむ物も、かの七郎君につかはさむ。すべてかれ[b]にわびしきめな見せそ」とおほせたまひければ、つねになむ*とぶらひ*かへりみける。

問一　傍線部①の現代語訳として適切なものを次から選べ。（6点）

ア　美しい女性はおりますか。
イ　教養のある者はおりますか。
ウ　和歌が上手な者はいませんね。
エ　芸能に優れた者はいないでしょうね。
オ　高貴な女性はいませんね。

問二　傍線部②を現代語訳せよ。（10点）

問三　傍線部③について、誰がどこにのぼったのかを書け。（10点）

問四　空欄□には、「涙を流して泣き」という意味の語が入る。適切なものを次から選べ。（6点）

ア　かなしび　　イ　しほたれ　　ウ　なえばみ
エ　かきならし　　オ　きえまどひ

問五　傍線部④「ね」の説明として適切なものを次から選べ。（6点）

ア　打消の助動詞「ず」の已然形　　イ　禁止を表す終助詞
ウ　完了の助動詞「ぬ」の命令形　　エ　希望を表す終助詞

問六　傍線部⑤の主語として適切なものを次から選べ。（6点）

ア　「このうかれめ」　　イ　「南院の七郎君」
ウ　「亭子の帝」　　エ　「ありとある上達部、みこたち、四位五位」

問七　傍線部a・bは誰を指すか。適切なものを次から選べ。（6点）

ア　ともにうかれめ　　イ　ともに南院の七郎君　　ウ　aとbは違う人物

問一

問二

問三

問四

問五

問六

問七

> 玉淵の娘が詠んだような歌を隠題歌（かくしだいのうた）という。
> 次の歌にはどんな言葉が隠されているか？
> あぢきなし　嘆きなつめそ　憂き事に　遭ひくる身をば　捨てぬものから　　兵衛
> （無益ですよ、そんなに嘆きなさるな、辛（つら）い目に遭って来た身を簡単には捨てられませんから）隠された言葉—なし・なつめ・くるみ

12 菊花の約（ちぎり）――雨月物語

時間 25分　得点 ／50　（　月　日）

［　　］月日はやく経ゆきて、下枝の茱萸（ぐみ）色づき、垣根の野ら菊艶（にほ）ひやかに、九月にもなりぬ。九日*はいつよりも早く起き出でて、草の屋の席（むしろ）をはらひ、黄菊・しら菊二枝三枝小瓶（がめ）に挿し、袋をかたぶけて酒飯のまうけをす。老母云（い）ふ、「かの八雲たつ国は山陰の果（はて）にありて、ここには百里を隔つると聞けば、けふとも定めがたきに、その来しを見ても物すとも遅からじ」。左門云ふ、「赤穴は信（まこと）ある武士なれば必ず約（ちぎり）を誤らじ。その人を見てあわただしからんは、①思はんことの恥（はづ）かし」とて、美酒を買ひ、鮮魚を煮て厨（くりや）に備ふ。

……（中略）……

午時（ひる）もややかたぶきぬれど、待ちつる人は来たらず。西に沈む日に、宿り急ぐ足のせはしげなるを見るにも、外の方のみまもられて、心酔へるが如（ごと）し。

老母、左門をよびて、「人の心の②秋にはあらずとも、③菊の色こきはけふのみかは。帰りくる信だにあらば、空は時雨にうつりゆくとも④何をか怨むべき。入りて臥しもして、又、明日の日を待つ⑤べし」とあるに、否みがたく、母をすかしてさきに臥さしめ、もしやと戸の外に出でて見れば、銀河影きえぎえに、氷輪我のみを照（てら）して淋（さび）しきに、軒守る犬の吼（ほ）ゆる声すみわたり、浦浪（うらなみ）の音ぞここもとにたちくるやうなり。月の光も山の際に陰（くら）くなれば、今はとて戸を閉（た）てて入らんとするに、ただ看（み）る、おぼろなる黒影（かげ）の中に人ありて、風のまにまに来るをあやしと見れば赤穴宗右衛門（あかあなそうえもん）なり。

語注

九日…九月九日は重陽の節句で、菊の節句ともいい、菊酒を飲んで祝った。

<上田秋成>

問一　空欄□に入る適切なものを次から選べ。（6点）
ア　ちはやぶる　イ　あら玉の
ウ　あしひきの　エ　たらちねの

問二　i　傍線部①の主語として適切なものを次から選べ。（6点）
ア　赤穴宗右衛門　イ　老母　ウ　左門
ii　iの人物がどのように思うのか、わかりやすく書け。（8点）

問三　傍線部②に掛けられている語を漢字一字で書け。（8点）

問四　傍線部③は何を意味するか、適切なものを次から選べ。（7点）
ア　花の季節を逃さないこと。
イ　男女の愛情の深さが深いこと。
ウ　男同士の友情がはかないこと。
エ　人との交わりが固く変わらないこと。

問五　傍線部④の「怨む」内容として当てはまるものを本文中から十字で抜き出して書け。ただし、句読点は含まない。（7点）

問六　傍線部⑤の文法上の意味を書け。（8点）

問一

問二　i　ii

問三

問四

問五

問六

13 珍しい書物の扱い方 ―― 玉勝間

時間 25分　得点 /50　（　月　日）

めづらしき書をえたらむには、したしきもうときも、同じこゝろざしならむ人には、①かたみにやすく借して、見せもし写させもして、世にひろくせまほしきわざなるを、人には見せず、おのれひとり見て、ほこらむとするは、いと〳〵心ぎたなく、物まなぶ人のあるまじきこと也。［A］えがたきふみを、遠くたよりあしき国などへかしやりたるに、あるは道のほどにてはふれうせ、あるは其人にはかになくなりなどもして、つひにその書かへらずなる事あるは、いと②心うきわざ也。［B］とほきさかひよりかりたらむふみは、道のほどのことをもよくしたゝめ、又人の命は、にはかなることもはかりがたき物にしあれば、③なからむ後にも、④はふらさず、たしかにかへすべく、おきておくべきわざ也。すべて人の書をかりたらむには、すみやかに見て、かへすべきわざなるを、久しくとゞめおくは、心なし。［C］書のみにもあらず、人にかりたる物は、何も〳〵同じことなるうちに、いかなればにか、書はことに、用なくなりてのちも、なほざりにうちすておきて、久しくかへさぬ人の、よに多き物ぞかし。

問一　波線部の「あるまじきこと」の内容は何か。三十五字以内で書け。（10点）

問二　空欄［A］～［C］に入れるのに適切なものをそれぞれ次から選べ。（各4点）

ア　されば　　イ　さるは
ウ　ただし　　エ　たとひ

問三　傍線部①～③の意味として適切なものをそれぞれ次から選べ。（各5点）

語注

えたらむには…手に入れた場合は。（「む」は婉曲表現で、訳さなくてよい。強いて訳すなら「ような」と訳すが、訳すとかえっておかしくなる場合が多い。なお、この文中の連体形の「む」はすべて婉曲表現である）

同じこゝろざしならむ人…自分と同じように国学の研究をしようとしている人。

やすく借して…気安く貸して。（「借して」は原文のままだが、「貸して」を誤ったものである）

世にひろくせまほしきわざ…世の中に広めたいこと。

わざ…「すること」だが、単に「こと」と訳すと適訳になる場合が多い。

たよりあしき国…不便な地方。

あるは…あるいは。あるものは。

道のほどのことをもよくしたゝめ…途中の紛失などないように、よく注意して取り扱い。

おきておく…言い付けておく。

いかなればにか…どういう訳だか。（挿入句）

① 「かたみに」

ア 形見に　イ 互いに
ウ 簡単に　エ 軽率に

② 「心うきわざ」

ア 不愉快なこと
イ 心がうきうきすること
ウ 心が落ち着かないこと
エ はかないこと

③ 「なからむ後」

ア 生き長らえた後
イ 評判になった後
ウ 用がなくなった後
エ 命がなくなった後

問四 傍線部④「はふらさず」の対象は何か、書け。（4点）

問五 筆者が述べていることと一致しないものを次から選べ。（5点）

ア 珍しい書物を手に入れた時は秘蔵せず公開すべきである。
イ 珍しい書物は、志が同じであれば親しくない人でも貸すべきである。
ウ 貴重な書物でも用が済めばうち捨てられる運命にある。
エ 貴重な書物を貸した場合に戻らないこともある。
オ 人に物を借りた時は用が済めばすぐ返すべきだ。

問六 筆者本居宣長（もとおりのりなが）の著作を次からすべて選べ。（4点）

ア あゆひ抄　イ うひ山ぶみ　ウ 古事記伝
エ 和歌知顕集　オ 万葉代匠記　カ 折たく柴の記

問一

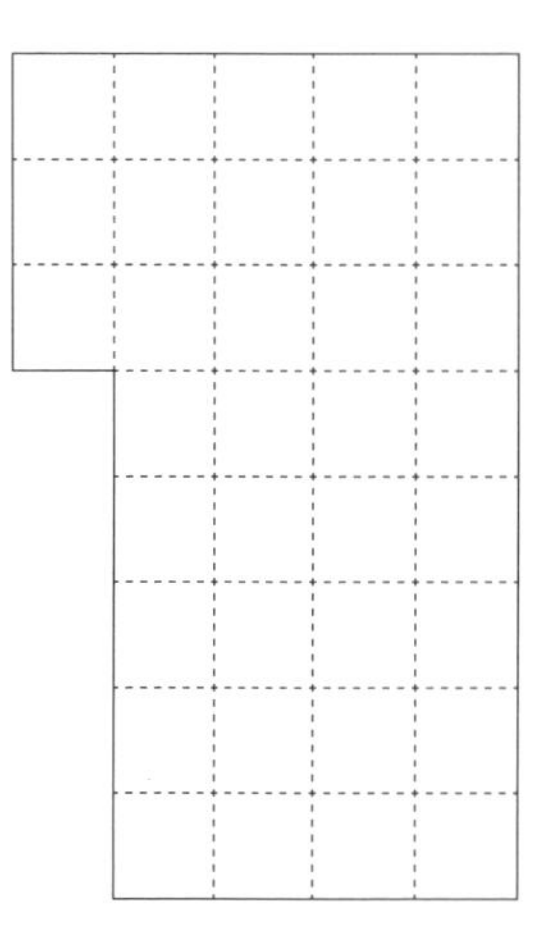

問二

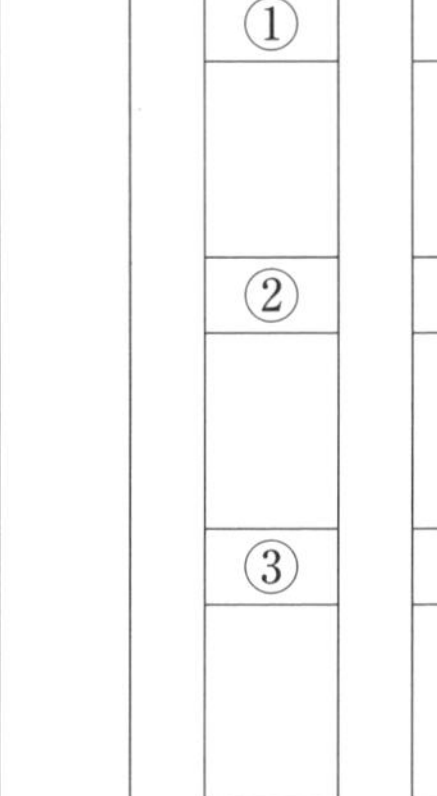

A
B
C

問三

①
②
③

問四

問五

問六

＜玉勝間の筆者本居宣長＞

14 権威主義の役人

国意考

時間 25分 得点 ／50 〔 月 日〕

司*となれば、貴きを示さんとして威を示さんとす。威といふものは武威なり。しかにはすべからず。たゞ、世の司は下*をしたしみてたらはぬことをば教へ助くるやうにする時は、下なる人の感ぜざるはなきものなり。また、司となりては下の人は皆①わだかまるものと思ふは、愚なる心なり。下が下とても*人なり。［A］わだかまるものにあらず。もしその中に下が下として、おほやけの道*をもことの心をも知らぬもあるべし。さるをばよくとき分けて聞かせよかし。人の心をつくさせて*後こそ、②ことのわかちも知らるれ。上なるものは、下のこと言ひ終はらぬさきにいかりなどして、下なるものの言ひ様なめし*、③司をかろしむる、などみづからは腹立つより*、ことの筋をよそにしていかれるは、下なるものは言ひなす*ことも知らねば、［B］黙しぬ。されば、④ことの心ゆかねば、いつまでも済み*侍らず。ここに坊をあづかる*司ありて、それが中に久しく⑤そのことにかゝれる人*あり。それが言ふに、先づ訴へあらんに、よくそのことを聞きて⑥ことわるに、そのかたき*の人を⑦かたわけてめして、その訴への心を残らず言はしめ、［C］物書く人⑧言ふにしたがひてとゞめさせ*、さてその訴へに猶たらはぬことあらんを教へて*、⑨たらはしめて心をつくさしめ、後向ふかたき*をも呼び合はせて、左右の言へることをしるしたるをよみ上げて、こはこゝがよしこゝがあし、てふことを明らかにとき聞かせぬれば、さすがに人の情あれば、よきあし明らかに思ひえて、わがあしきはあしと知りて、あやまれりといふなり。そを司の権威にて言ふ時は、い

語注

司…ツカサ。役人。

下…民衆。

下が下とても…民衆は身分が低いといっても。

おほやけの道…政道。

心をつくさせて…人を納得させ。

なめし…無礼だ。

腹立つより…腹が立つので。

言ひなす…徹底的に言う。

済み…おしまいになる。決着がつく。

坊をあづかる…宿坊を管理する。

かゝれる人…関係している人。

かたき…訴えた側の人。（「かたき」は「敵」ではなく「相手」という意味）

とゞめさせ…書き留めさせ。

あらんを教へて…「あらん時はそを教へて」という意味。

向ふかたき…訴えられた側の人。

いたづらの…無用の。

つまでもはてぬものぞと。まことにしかなり。⑩よろづにかよはすべきなり。これにても*いたづらの［D］はわろきことを知るべし。

問一 空欄［A］～［C］に入る適切な語句をそれぞれ次から選べ。ただし、空欄にはそれぞれ別の語句が入る。（各4点）

ア 心ならず　**イ** しかるに　**ウ** かたへに
エ かくても　**オ** さのみ

問二 傍線部①・②・⑦の解釈として適切なものをそれぞれ次から選べ。（各3点）

① **ア** 曲解する　**イ** ひねくれる　**ウ** 偏る　**エ** 卑下する

② **ア** 言葉の真偽　**イ** 言葉のあや　**ウ** 事のけじめ　**エ** 事の展開

⑦ **ア** 一方の主張の当否をよく確認して
イ 両者の主張を互いにわからせて
ウ 片方の行動を細かく調べ上げて
エ 相手とはひとまず別にして

問三 傍線部③・④・⑥・⑧・⑨の動作の主体にあたるものを次から選べ。（各3点）

ア 上なるもの　**イ** 下なるもの　**ウ** 坊をあづかる司
エ かたきの人　**オ** 物書く人

問四 傍線部⑤「そのこと」とは、直接的には何を指すか。本文中から三字以内で抜き出して書け。（4点）

問五 傍線部⑩は、どのように解釈すべきか。意味がよくわかるように十五字以内で現代語訳せよ。（5点）

問六 空欄［D］に入る適切な漢字一字を本文中から抜き出して書け。（5点）

問一 A　B　C

問二 ①　②　⑦

問三 ③　④　⑥　⑧　⑨

問四

問五

問六

15 自分のための住居（すまい）　方丈記

時間 25分　得点 ／50　〔　月　日〕

おほかた、この所に住みはじめし時は、①あからさまと思ひしかども、今すでに、五年を経たり。仮の庵（いほり）もややふるさとと②なりて、軒に朽ち葉（くちば）ふかく、土居（つちゐ）に苔（こけ）むせり。おのづから、ことの便りに都を聞けば、この山にこもり居てのち、③やむごとなき人のかくれ給へるもあまた聞こゆ。まして、その数ならぬたぐひ、尽くしてこれを知るべからず。たびたびの炎上にほろびたる家、またいくそばくぞ。ただ仮の庵のみ、のどけくしておそれなし。ほどせばし④といへども、夜臥（ふ）す床あり。昼居る座あり。一身をやどすに不足なし。かむなは小さき貝を好む。これ身知れるによりてなり。みさごは荒磯（ありそ）に居る。すなはち、人をおそるるがゆゑなり。我またかくのごとし。身を知り、世を知れれば、願はず、走らず、ただしづかなるを望み⑤とし、憂へなきをたのしみとす。すべて世の人のすみかを作るならひ、必ずしも、身のためにせず。或（あるい）は妻子・眷属（けんぞく）のために作り、或は親昵（しんぢつ）・朋友（ほういう）のために作る。或は主君・師匠、および財宝・牛馬のためにさへこれを作る。我、今、身のために⑥結べり。人のために作らず。ゆゑいか⑦んとなれば、今の世のならひ、この身のありさま、伴ふべき人もなく、頼むべき奴（やっこ）もなし。たとひ、ひろく作れり⑧とも、誰を宿し、誰をか据（す）ゑん。

それ、人の友⑨とあるものは、富めるをたふとみ、ねむごろなるを先とす。必ずしも、情けある⑩と、素直なるとをば愛せず。ただ、糸竹（しちく）・花月を友とせんにはしかじ。

語注

おほかた…そもそも。
やや…だんだん。
ふるさと…なじんだ土地。
土居…土台。
都を…都の様子を。
その数ならぬたぐひ…その中には数えられないような身分の低い者たち。
かむな…やどかりのこと。
みさご…猛禽（もうきん）類の鳥。
眷属…血縁のある一族。
親昵・朋友…親しい人や友達。
伴ふべき人…一緒に隠れ棲（す）もうという人。
頼むべき奴…頼りになる召使。
ねむごろなる…本来は懇切の意味だが、ここではへつらうという意味。
糸竹・花月…音楽や自然の美。
しかじ…〜に及ぶことはあるまい。

問一　傍線部①の現代語訳として適切なものを次から選べ。（6点）

ア　ほんのしばらくの間のことと思ったが
イ　何も人に後ろめたくはないと思ったが
ウ　軽はずみな行動とは思っていたが
エ　あまりに露骨だと思っていたが
オ　少しは距離を置いていようと思ったが

問二　傍線部③を現代語訳せよ。（8点）

問三　傍線部②④⑤⑦⑧⑨⑩の「と」の意味は、次のうちどれに最も近いか、それぞれ次から選べ。（同じ記号を重ねて用いてもよい。）（各3点）

ア　引用を表す。言ったり思ったりしたことの内容を受ける。
イ　アの転用。「と言って」「というふうに」などの意。
ウ　状態を表す。「まるで～のように」の意。
エ　動作の共同者（時に対抗者）を表す。　オ　並立を表す。
カ　身分・資格や待遇の対象を表す。　キ　比較の基準を表す。
ク　変化の結果を表す。　ケ　順接の接続助詞。
コ　「とても」と言うこともある逆接の接続助詞の一部。

問四　傍線部⑥の「結べり」は、何を結んだのか。本文中の語を抜き出して書け。（7点）

問五　本文の主旨として適切なものを次から選べ。（8点）

ア　作者は、世間から隔絶した生活に固執することで、ようやく自己の人生観を形成することができた。
イ　作者の理想的な生活は、精神的自由の確立と孤独な生活環境とが不可分な関係にあることを実証する点にあった。
ウ　作者にとっての精神的平安は、他人を顧慮せずともよい生活環境や、他人を頼らなくてもよい生活習慣の中にある。

問一

問二

問三

②	⑦	⑩
④	⑧	
⑤	⑨	

問四

問五

鴨長明が作った家は、一丈（3m）四方。だから「方丈」という。南に竹の簀子（すのこ）（縁側）、東に廂（ひさし）がさしかけてあったが、室内は四畳半。

16 歌の功徳で玉の輿

古今著聞集

時間 25分 得点 /50 〔 月 日〕

*中比、*なまめきたる女房ありけり。*世の中たえだえしかりけるが見めかたち①あいぎやうづきたりけるむすめをなんもたりける。十七八ばかりなりければ、これをいかにもして*めやすきさまなら[a]せんと思ひける。②かなしさのあまりに、八幡へむすめともに泣く泣く参りて、夜もすがら御前にて、「我が身は今は*いかにても候ひなん。このむすめを*心やすきさまにて見せさせ[b]給へ」と、数珠をすりてうち泣きうち泣き*申しけるに、この女、参りつくより、母のひざを枕にして起きもあがらず寝たりければ、暁がたになりて母申すやう、「いかばかり思ひたちて、*かなはぬ心に③徒歩より参りつるに、かやうに、よもすがら神もあはれとおぼしめすばかり申し給ふべき[c]に、思ふことなげに寝給へる④うたてさよ」とくどきければ、むすめ⑤おどろきて、「*かなはぬ心地に苦しくて」といひて、

身の*うさを*なかなかなにと*石清水おもふ心はくみてしるらん

とよみたりければ、母も恥づかしくなりて、ものもいはずして下向するほどに、七条朱雀の辺にて、世の中にときめき給ふ⑥雲客、桂より遊びて帰り給ふが、このむすめをとりて車に乗せて、⑦やがて北の方にして始終いみじかりけり。*大菩薩この歌を⑧納受ありけるにや。

問一 傍線部a〜cの助動詞の意味として、適切なものをそれぞれ次から選べ。（各3点）

語注

中比…そう遠くない昔。
なまめきたる…生き生きとして美しい。
世の中たえだえしかり…世間から落ちぶれて。
めやすき…見ていても安心できるような。
いかにても候ひなん…どうなってもかまいません。
心やすき…安心できる。
申しける…「申す」には、「お願いする」という意味もある。
かなはぬ心に…思いにまかせぬもどかしさに。
徒歩より…乗り物にも乗らず、歩いて。
かなはぬ心地に…堪えられない気分で。
うさ…辛さ。
なかなか…まことに。
石清水…石清水八幡宮。
大菩薩…八幡宮の本尊。

ア　伝聞　イ　断定　ウ　推定　エ　尊敬　オ　受身
カ　可能　キ　自発　ク　推量　ケ　意志　コ　当然

問二　傍線部①を現代語訳せよ。（5点）

問三　傍線部②④⑤⑥⑦の意味として、適切なものをそれぞれ各群から選べ。（各3点）

②　ア　悲しさ　イ　かわいらしさ　ウ　涙の出る状態　エ　心痛い
　オ　悲しみの状態

④　ア　情けなさ　イ　うらやましさ　ウ　時運に合わない
　エ　つらいこと　オ　いやなこと

⑤　ア　はっと気がつく　イ　びっくりする　ウ　心をあらためる
　エ　目を覚ます　オ　心の転換

⑥　ア　身分の高い人　イ　立派な人　ウ　殿上人　エ　貴族
　オ　天皇

⑦　ア　そのまま　イ　そのうちに　ウ　すぐに　エ　少しの間に
　オ　ちょっとの間に

問四　傍線部③「徒歩」の読み方をひらがなで書け。（3点）

問五　「女房」が八幡へ参ったのはなぜか、説明せよ。（5点）

問六　「女（むすめ）」はなぜ寝ていたのか、本文中から十五字以内で抜き出して書け。（5点）

問七　文中の和歌に使用されている修辞技巧を次から二つ選べ。（各2点）

ア　枕詞　イ　序詞　ウ　掛詞　エ　縁語
オ　倒置　カ　対句

問八　傍線部⑧「納受ありけるにや」の下に補うべきひらがなを三字で書け。（4点）

問一 a b c

問二

問三 ② ④ ⑤ ⑥ ⑦

問四

問五

問六

問七

問八

17 吉田中納言の出家 ―― 撰集抄

時間 25分 得点 /50 〔 月 日〕

中比、筑紫の横川と云ふ所に、範円上人と云ふ人①いまそがりけり。智行*ひとしく備はりて、生きとし生ける類*をあはれみ給ふ事ねんごろ也。観音を本尊として、常に大悲*の法文*を②なん心にかけ給へる。いまだ此上人飾り*おろし給はざりけるさきは、吉田の中納言経光と申しけり。

帥*になりて、筑紫へくだり給ひける時、都より浅からず覚え給へりける妻をなんいざなひていましけるを、いかが侍りけん*、あらぬ方*にうつりつつ、花の都人は、ふるめかしくなりて*、うすき袂に③秋風の吹きて、あるかなきか*をも問ひ給はぬを、④憂しと思ふ乱れのはれもせぬつもりにや、此北の方おもく煩ひて、都へのぼるべきたよりだにもなく、病はおもく見えける。とさまにして*都にの⑤ぼりなんと思ひ侍りけれども、心に叶ふつぶね*もなくて、海をわたり、山をこえんやうも覚えざりければ、帥のもとへかく、

⑥とへかしな置き所なき露の身はしばしも言の葉にやかかると

とよみてつかはしたるを見侍るに、日ごろの情、いまさら身にそふ*心地し給ひて、あはれにも侍るに、又人のはしり*かさなりて、⑦「すでにはかなくならせ給ひぬ」と云ふに、夢に夢見る心地して、我身にもあられ侍らぬ*ままに手づからもとどり切りて、横川と云ふ所におはして、行ひすましていまそがりけり。

語注

智行…知恵と徳行。
生きとし生ける類…生き物。
大悲…衆生の苦しみを救おうとする仏の広大な慈悲。「悲願」ともいう。
法文…仏法を説いた文章。
飾りおろし…出家して。
帥…ソチまたはソツ。大宰(だざい)の帥。(大宰府の長官)
いかが侍りけん…挿入句。(疑問文が挿入句になることがよくある)
あらぬ方…他の女性。
ふるめかしくなりて…古ぼけて。
あるかなきか…安否。
とさまにして…何とかして。
つぶね…しもべ。召使。
身にそふ…我が身から離れない。
はしり…急な連絡。
あられ侍らぬ…正気を失う。「れ」は可能の助動詞。

問一　傍線部①と別の語で、活用の種類が同じである敬語を、本文の中から一語抜き出し、終止形で答えよ。（8点）

問二　傍線部②・⑤の文法的説明として適切なものをそれぞれ次から選べ。（各3点）

ア　希望の終助詞　　イ　完了の助動詞と意志の助動詞

ウ　係助詞　　エ　動詞の活用語尾と意志の助動詞

問三　傍線部③はどのようなことを表しているか、その説明として適切なものを次から選べ。（8点）

ア　陰暦の七月になること　　イ　男女の愛情が冷めること

ウ　袂が風に揺れること　　エ　女性の容色が衰えること

問四　傍線部④の現代語訳として適切なものを次から選べ。（10点）

ア　つらい悩みの晴れる時もなく重なったせいであろうか

イ　つらいと思う心の乱れの晴れぬままにしておこうという考えなのであろうか

ウ　悲しい思いの晴れる時もないようにしておこうという考えなのであろうか

エ　苦しい騒乱をいつまでも終わらせない心づもりなのであろうか

問五　傍線部⑥の歌の解釈として適切なものを次から選べ。（10点）

ア　置き所もない涙にぬれたこの身をしばらくでも優しい言葉で見舞ってください。

イ　置き所もなくはかないこの身を訪ねてください、私の命はあなたの言葉にかかっているのです。

ウ　あなたの力を貸してください、辺り一面の露にぬれたこの身はその一言の力にかかっているかも知れません。

エ　訪ねてください、あなたに捨てられて涙にくれるこの身はあなたの言葉で少しの間でも生き延びられるかと思いますから。

問六　傍線部⑦の主語は何か、本文中の語で書け。（8点）

問一

問二　②　⑤

問三

問四

問五

問六

18 衣(きぬ)の裾(すそ) ―― 源氏物語・東屋

時間 25分　得点 ／50　（　月　日）

（宮(匂宮)は、妻が洗髪であわただしくしている間、自邸をうろついていると、見たことのない美しい女に出会った。）

「今参り*の口惜しからぬなめり」とおぼして、この廂(ひさし)に通ふ障子(さうし)を、いとみそかに押しあけ給(たま)ひて、やをら歩み寄り給ふも、人知らず。こなたの廊(らう)の中の壺前栽(つぼせんざい)の、いとをかしう色々に咲き乱れたるに、遣水(やりみづ)のわたり、石高きほど、いとをかしければ、端(はし)近く添ひ臥(ふ)してながむるなりけり。あきたる障子を今すこし押しあけて、屏風(びやうぶ)のつまよりのぞき給ふに、宮とは思ひもかけず、「例こなたに来馴(な)れたる人にやあらむ[a]」①と思ひて、起き上がりたる様体(やうだい)、いとをかしう見ゆるに、例の御心は過ぐし給はで、衣(きぬ)の裾(すそ)をとらへ給ひて、こなたの障子は引きたて給ひて、屏風のはさまにゐ給ひぬ。「あやし」と思ひて扇をさし隠して見返りたるさま、いとをかし。扇を持たせながらとらへ給ひて、②「誰ぞ。名のりこそゆかしけれ」とのたまふに、むくつけくなりぬ。さるもののつらに、顔をほかざまにもて隠して、いといたう忍び給へれば、「この、ただならずほのめかし給ふらむ大将にや*。かうばしきけはひ」なども思ひわたさるるに、いとはづかしく、せむ方なし。乳母(めのと)、人げの例ならぬを、「あやし」と思ひて、あなたなる屏風を押しあけて来たり。「これはいかなることにか侍(はべ)らむ。あやしきわざにも侍る」など③聞こゆれど、はばかり給ふべきことにもあらず。かくうちつけなる御しわざなれど、言(こと)の葉(は)多かる御本性(ほんじやう)なれば、何やかやとのたまふに、暮れ果てぬれ

語注

今参り…新参の召し使い。

ただならずほのめかし給ふらむ大将にや…並々でなく私に思いをかけて来られるという大将だろうか。

<紫　式部>

ど、「誰と聞かざらむほどは、ゆるさじ」とて、馴れ馴れしく臥し給ふに、「宮なりけり」と思ひ果つるに、乳母、言はむ方なくあきれてゐたり。

問一 傍線部①の主語として適切なものを次から選べ。（6点）

ア 宮（匂宮）　イ 女　ウ 乳母

問二 傍線部②を現代語訳せよ。ただし、主語を明確にして書くこと。（10点）

問三 傍線部③を現代語訳せよ。また、主語として適切なものを**問一**の選択肢から選べ。（完答10点）

問四 傍線部ａの品詞を書け。（8点）

問五 本文の内容として適切なものを次から選べ。（8点）

ア 女は庭をながめていたが、突然現れた男が宮とわかり、顔を隠した。
イ 乳母は怪しい男を見て、大声で助けを求めたが、女に止められた。
ウ 宮は乳母にとがめられて、臆することなく、女を口説きつづけた。
エ 宮に名前を教えてほしいと言われ、女はしかたなく素性を明かした。

問六 『源氏物語』以降に成立したものとして適切なものを次から選べ。（8点）

ア 更級（さらしな）日記
イ 宇津保（うつほ）物語
ウ 土佐日記
エ 古今和歌集

問一

問二

問三

問四 a

問五

問六

19 千五百番歌合秘話

増鏡

時間 25分 得点 /50 〔 月 日〕

①上のその道を得給へれば、下もおのづから時を知る習ひにや。男も女も、この御世にあたりて、よき歌よみ多く聞こえ侍りし中に、宮内卿の君といひしは、村上の帝の御後に、俊房の左の大臣と聞こえし人の御末なれば、はやうはあて人なれど、官あさくてうち続き、四位ばかりにて失せにし人の子なり。まだいと若き齢にて、底ひもなく深き心ばへをのみ詠みしこそ、いとありがたく侍りけれ。この千五百番の歌合の時、院の上のたまふやう、「こたみは、②みな世に許りたる古き道の者どもなり。宮内はまだしかるべけれども、けしうはあらずと見ゆめればなむ。かまへてまろが面起こすばかり、よき歌つかうまつれよ」とおほせらるるに、面うち赤めて、涙ぐみてさぶらひけるけしき、限りなき好きのほども、あはれにぞ見えける。さてその御百首の歌、いづれもとりどりなる中に、

薄く濃き野辺のみどりの若草に跡まで見ゆる雪のむら消え

草の緑の濃き薄き色にて、〔A〕、おしはかりたる心ばへなど、まだしからむ人は、いと思ひよりがたくや。この人、年つもるまで〔B〕、げにいかばかり、目に見えぬ鬼神をも動かしなましに、若くて失せにし、③いといとほしくあたらしくなむ。

**上…歌道に熱心であった後鳥羽院。　**俊房の左の大臣…左大臣源俊房。村上天皇の第七皇子具平親王の孫。　**千五百番の歌合…歌合とは、左右二組にわかれた歌人たちが歌を詠み、その歌の優劣を判者が判定して勝負を決める文学的な催し。この場合は、三十人の歌人が各自百首ずつ詠進して、千五百番の歌合とした。　**まだしかる…未熟である。

語注

**の注は上段の末尾にある。（この問題が出題されたときから付いていた注である）

その道…歌道。

御後…ご子孫。御末も同じ。

はやう…以前。

あて人…貴人。

官あさくて…官位が低くて。

ありがたく…めったにない。

こたみ…こたび。この度。

古き道の者…歌道に老練な者。

けしうはあらず…おかしくない。

見ゆめればなむ…下に「歌詠みに加へつる」という表現が略されている。

かまへて…必ず。

面起こす…面目が立つ。

好きのほど…歌の道に執着している心の程。

心ばへ…風情。趣。

鬼神をも動かしなましに…鬼神をも感動させるような、すぐれた歌を作っただろうに。

問一　傍線郡①「上のその道を得給へれば、下もおのづから時を知る習ひにや」とは、どのようなことを言っているのか、簡潔に説明せよ。（10点）

問二　傍線部②・③の意味として適切なものを次から選べ。（各5点）

②　ア　時流に乗り遅れた　イ　世間に認められている　ウ　世間から忘れられた　エ　人々にもてはやされている

③　ア　今までにはなかったことです　イ　むなしいことです　ウ　立派なことです　エ　惜しまれることです

問三　〰〰線部は、宮内卿が詠んだ和歌について、筆者が批評している部分である。空欄 A に入れるのに適切なものを、次から選べ。（10点）

ア　若草の雪に遭（あ）ひていたづらに色うつりけるほどを

イ　まだ雪深き山里にて春の訪れ待ちわびけるほどを

ウ　去年（こぞ）のふる雪の遅く疾（と）く消えけるほどを

エ　かきくもりて春の沫雪（あわゆき）のふりけるほどを

問四　空欄 B に入れるのに適切なものを次から選べ。（10点）

ア　あらざりければ　イ　あらましかば　ウ　ありしかど　エ　ありにしが

問五　結局、宮内卿が詠んだ百首の和歌の出来ばえはどうであったのか。本文で言われていることと合致するものを、次から選べ。（10点）

ア　歌人としての経験が浅いわりには上出来の方であった。

イ　院に助言してもらったため、すばらしい出来であった。

ウ　みな趣のある名歌ばかりであった。

エ　どれもこれも平凡な出来であった。

オ　そのうち一首が優れていたが、あとは平凡であった。

問一	問二	問三	問四	問五
	② ③			

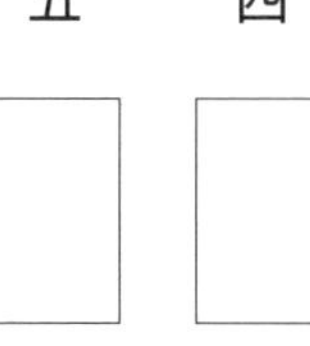

<後鳥羽院>

20 紅葉狩り ——しのびね

時間 25分　得点 /50　〔　月　日〕

（主人公の少将が嵯峨野（さがの）で紅葉狩りをしていたとき、山里の住まいから聞こえてくる琴の音に誘われ、美しい姫君をかいま見た。興味を抱いた少将は一夜の宿を求めた。）

尼君*に、しかしかのことと語り聞こゆ[a]。「香ばしかりつるも、これにやおはすらむ。このあたりたたずみ歩きたまひつらめ*。用意なきけはひ①聞きやしたまひぬらむ」とささめく。「②いかでなさけなく帰し奉らむ」とて、あたりうち払ひ*、御茵*（しとね）さし出でたり。「露もたまらぬ庵なれど、旅はさぞと思（おぼ）し許したまへ」とて、いと馴（な）れたる若人*出でたり。まづうれしく、端の方にうちながめて*居たまへる御様の、光かかやきて目もあやにおどろかるる。一目も見知り奉らねども、なつかしげ*にうち語らひたまふ。「行方もなくまよひ侍（はべ）[b]りつるに、うれしき旅寝をもするかな。同じくは導き果てたまへかし」とて、少しほほゑみたまへば、「なほ奥へはおはします[c]べきところも侍らぬものを」と③おぼめけば、「うちつけに思ふこと聞こゆるは、あさきやうなれども、この世ならぬことにや、たちまふべき心地もし侍らぬを」とて、

　A世の常の色とや思ふ隙（ひま）もなく袖の時雨に染むる紅葉を

とて、散りくる紅葉を手まさぐりにしたまへば、ただかく、

　「さらぬだに晴れ間少なき山里に袖の時雨を何と添ふらむ

御心なぐさみたまふべき紅葉の色も侍らぬものを」とおほかたにいひなせど、「うたてくものたまひなすかな。おぼろけにてはたづねまゐらぬもの。これも昔の契りかと

語注

尼君……姫君の母親。
たまひつらめ……～なさっていたのでしょう。
うち払ひ…掃き清める。
茵……敷物のこと。
若人……姫君に仕える侍女。
うちながめて…見つめる。
なつかしげ…親しげ。
まめやか…真剣。

思しなせかし。数ならぬ身なればことわりぞ」と、*まめやかに年月思し染めたるやうにいひなしたまふ。

問一 i 傍線部①を単語に分けて、／で区切り品詞名を書け。なお助動詞は意味・活用形も答えよ。（8点）

ii 傍線部①を現代語訳せよ。（8点）

問二 傍線部②の現代語訳として適切なものを次から選べ。（8点）

ア なんとか情けなく思ってお帰りいただこう。
イ どうして冷たくお返し申すことができましょうか。
ウ なんと惨めにお返し申し上げたのでしょうか。
エ どうにかして情け深くお返し申し上げよう。

問三 傍線部③の意味として適切なものを次から選べ（8点）

ア 隠すので　イ 不安がるので
ウ はぐらかすので　エ とまどうので

問四 Aの和歌の説明として適切なものを次から選べ（9点）

ア 枕詞と疑問が用いられている。
イ 二句切れ、反語が用いられている。
ウ 反語と擬人法が用いられている。
エ 三句切れ、疑問が用いられている。

問五 傍線部a～cの敬意の対象として適切なものをそれぞれ次から選べ。（各3点）

ア 尼君　イ 姫君　ウ 若人　エ 少将

問一
i 聞きやしたまひぬらむ
ii

問二

問三

問四

問五
a
b
c

21 琴の名手仲忠（なかただ）——宇津保物語

時間 25分 得点 /50 〔 月 日〕

十六といふ年、二月にかうぶり*せさせ給（たま）ひて、名をば仲忠といふ。上達部（かんだちめ）*の御子なれば、やがてかうぶり賜（たま）ひて*、殿上せさせ給ふ。上も春宮（a）も召しまつはし*、うつくしみ給ふ。上、大将に、「いづくなりし人を、かう俄（にはか）に、いと優にて*は、取りいでられたるぞ」と問はせ給へば、「年比（としごろ）は侍り所（はべ）*も知り給へざりし*を、ひととせ見いでて侍り。『物など少し試みて*後、交じらはせん』と①申ししかば、『さも侍ることなり』とて、②こめ侍りつるなり」と奏し給ふ。「たが腹ぞ*」と問はせ給へば、「故治部卿（ぢぶきやう）俊蔭が女の腹に侍り」と申し給へば、上、驚かせ給ひて、「いかに、そは、三代*の③手は伝へたらむな。かの朝臣（b）、唐土より帰りわたりて、嵯峨（さが）の院の御時、『この手少し伝へよ』と仰（おほ）せられければ、『ただ今、大臣の位を賜ふとも、え伝へ奉らじ』と奏しきりて、まかでにしより、参らで、中納言になるべかりし身を沈めてし人なり。さるはいみじき有職（いうそく）*なり。ただ娘一人ありける。年七歳より習はしけるに、父の手にいと多く勝りて弾きければ、父、『この子は、㋐わがおもて起しつべき子なり。これが手より、誰（たれ）も誰も習ひ取れ』となむいひけると聞きしかば、俊蔭がありし時に、消息などして、亡くなりて後、尋ね訪（と）ひしかど、亡くなりにたりしと聞きしは、そこに隠されたるにこそありけれ。いと興ありや。かの手は、三代はましてかしこからむ」と宣（のたま）はすれば、大将、「さ侍るべけれど、㋑ことなることも侍らざるべし。代々*のついでとして、一手、二手などもや④仕うまつらむ」と奏し給ふ。

語注

かうぶり…元服。

上達部…公卿（くぎょう）。三位（参議は四位）以上のもの。

かうぶり賜ひて…五位の位を賜わって殿上人にならせ。

まつはし…お側からお離しにならず。

優にて…優れて品位ある有様で。

侍り所…おります所。

知り給へざりしを…存じませんでしたが。（「給へ」は謙譲の補助動詞）

試みて…様子をみてから。

たが腹ぞ…誰の腹から生れたのか。（母親は誰なのか）

三代…三代目。

有職…学芸に優れている人。

代々のついでとして…代々伝えてきたのですから。

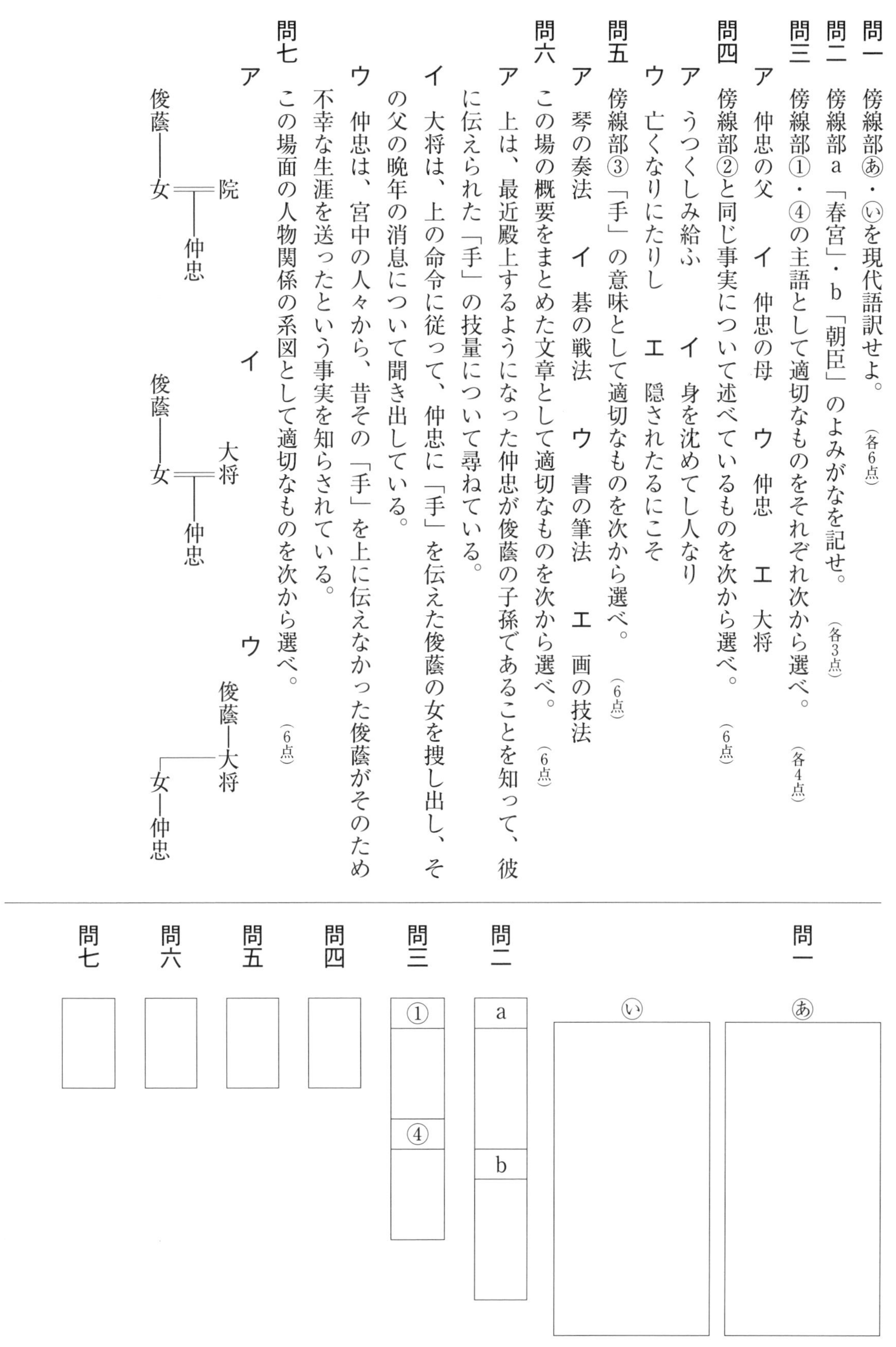

問一　傍線部あ・いを現代語訳せよ。（各6点）

問二　傍線部a「春宮」・b「朝臣」のよみがなを記せ。（各3点）

問三　傍線部①・④の主語として適切なものをそれぞれ次から選べ。（各4点）

ア　仲忠の父　イ　仲忠の母　ウ　仲忠　エ　大将

問四　傍線部②と同じ事実について述べているものを次から選べ。（6点）

ア　うつくしみ給ふ　イ　身を沈めてし人なり

ウ　亡くなりにたりし　エ　隠されたるにこそ

問五　傍線部③「手」の意味として適切なものを次から選べ。（6点）

ア　琴の奏法　イ　碁の戦法　ウ　書の筆法　エ　画の技法

問六　この場の概要をまとめた文章として適切なものを次から選べ。（6点）

ア　上は、最近殿上するようになった仲忠が俊蔭の子孫であることを知って、彼に伝えられた「手」の技量について尋ねている。

イ　大将は、上の命令に従って、仲忠に「手」を伝えた俊蔭の女を捜し出し、その父の晩年の消息について聞き出している。

ウ　仲忠は、宮中の人々から、昔その「手」を上に伝えなかった俊蔭がそのため不幸な生涯を送ったという事実を知らされている。

問七　この場面の人物関係の系図として適切なものを次から選べ。（6点）

22 藤原道長の横暴 ―― 大鏡

時間 25分　得点 /50　〔 月 日〕

また、故女院*の御石山詣に、この殿は御馬にて、帥殿(そちどの)は車にてまゐりたまふに、さはることありて、粟田口(あはたぐち)より帰りたまふとて、院の御車のもとにまゐりたまひて、案*内申したまふに、御車もとどめたれば、轅(ながえ)をおさへて立ちたまへるに、入道殿は、御馬をおしかへして、帥殿の御項*(うなじ)のもとに、いと近ううち寄せさせたまひて、「とく仕*うまつれ。日の暮れぬるに」と仰せられければ、あやし*く思(おぼ)されて①見返りたまへれど、おどろきたる御けしきもなく、とみにも退(の)かせたまはで、「日暮れぬ。とくとく」とそそのかせたまふを、いみじうやすから*ず思せど、いかがはせさせたまはむ、やは*ら立ち退かせたまひにけり。Ⓐ父大臣にも申したまひければ、「大臣軽むる人のよきやうなし」とのたまはせける。Ⓑ三月巳の日の祓(はらへ)に、やがて②逍遙*(せうえう)したまふとて、帥殿、河原にさるべき人々あまた具して出でさせたまへり。Ⓒ平張*(ひらばり)どももあまたうちわたしたるおはし所に、入道殿も出でさせたまへる。Ⓓ御車を近くやれば、「便(びん)なきこと。かくな□そ。やりのけよ*」と仰せられけるを、なにがし丸(まろ)といひし御車副(みくるまぞひ)の、「何事のたまふ殿にかあらむ。かく窮したまへれば、この殿は③不運にはおはするぞかし。わざはひや、わざはひや」とて、いたく御車牛をうちて、いま少し平張のもと近くこそ、つかうまつり寄せたりけれ。「辛うもこの男にいはれぬるかな」とぞ仰せられける。さて、その御車副をば、いみじうらうたくせさせたまひ、御かへりみありしは。かやうのことにて、④この殿たちの御中(なか)いとあしかりき。

注　故女院(こにょういん)＝詮子(せんし)　この殿＝入道殿(道長)　帥殿＝伊周(これちか)　父大臣(ちちおとど)＝道隆(みちたか)

語注

故女院…詮子。一条天皇の皇太后。道長に政権を握らせるのに尽力した。『大鏡』が作られた時は故人になっていた。

兼家―道隆―伊周
　　　道長
　　　詮子

案内…アナイ。事情を知らせること。ここではお断りをすること。

項…襟首。

仕うまつれ…御供仕うまつれ。

あやしく…けしからぬことだと。

やすからず…心が穏やかでなく。

やはら…しぶしぶ。

逍遙…ぶらぶら歩き。

平張…幕の天井を平らに張ったテント。

やりのけよ…もっと離れて進ませよ。

問一　傍線部①と文法上同一のものを、次から選べ。（8点）

ア　花たちばなは名にこそおへれ。

イ　かくてもあられけるよ。

ウ　としふればよはひは老いぬしかはあれど花をし見れば物思ひもなし

エ　人知れぬ思ひいで笑ひもせられ、あはれともうちひとりごたるるに、

問二　空欄□の中には、問題文の文脈から考えて、どの語を入れるべきか。適切なものを次から選べ。（8点）

ア　み　イ　へ　ウ　こ　エ　せ

問三　傍線部②の動作主（主語）として適切なものを次から選べ。（8点）

ア　院　イ　この殿　ウ　帥殿　エ　父大臣

問四　傍線部③「不運にはおはする」と判断した理由として適切なものを次から選べ。（8点）

ア　ぶざまに考えなさるから　イ　遠慮しすぎなさるから

ウ　憤りなさるから　エ　出しゃばりすぎなさるから

問五　傍線部④は、誰と誰を指しているか。適切なものを次から選べ。（8点）

ア　院とこの殿　イ　この殿と父大臣

ウ　帥殿とこの殿　エ　帥殿と父大臣

問六　本文を文脈から二つの段落に分けるとしたら、文中に付してあるⒶ～Ⓓのどこで句切るのが適切か。次から選べ。（10点）

ア　Ⓐ　イ　Ⓑ　ウ　Ⓒ　エ　Ⓓ

問一	問二	問三	問四	問五	問六

＜藤原道長＞

23

権大納言の北の方 ―― とりかへばや物語

時間 25分　得点 ／50　〔　月　日〕

いつの比にか、権大納言にて大将かけ給へる*人、御かたち身の才心もちゐよりはじめて、人柄*世のおぼえもなべてならず[a]ものし給へば、何事かは*飽かぬことあるべき御身ならぬに、人しれぬ御心のうちの物思はしさ*ぞ、いとつきせざりける。

北方二所*[b]ものし給ふ。一人は、源宰相と聞えしが御むすめに[c]ものし給ふ。御心ざし*はいとしもすぐれねど、人よりさきに①見そめ給ひてしかば、をろかならず思ひ聞え給ふに、いとゞ世になく玉光る男君さへ生まれ給ひにしかば、またなく去りがたき物に思ひ聞え給へり。いま一所は、藤中納言と聞えしが御むすめに[d]ものし給ふが御腹にも、姫君のいとうつくしげなる生まれ給ひしかば、さま〴〵*めづらしく*、思ふさまにおぼしかしづく事かぎりなし。上たちの御有様のいづれもいとしもすぐれ給はぬを、おぼすさまならず口惜しき事におぼしたりしかど、今は君だちのさま〴〵うつくしうて生ひ出で給ふに、②いづれの御方をもすてがたき物に思ひ聞え給ひて、③今はさる方におはしつきにたるべし。

君だちの御かたちの、いづれもすぐれ給へるさま、たゞ同じ物とのみ見えて、とりもたがへつべう[e]ものし給ふを、同じ所ならましかば、④不用ならましを、所〳〵にて生ひ出で給ふぞ、いとよかりける。おほかたは、たゞ同じ物と見ゆる御かたちの、若君は、あてにかをりけだかく*、なまめかしき方添ひて見え給ふ、姫君は、はな〳〵とほこりかに、見ても飽く世なく、あたりにもこぼれちる愛敬などぞ、今より似るものな[f]くものし給ひける。

語注

かけ給へる人…兼ねていらっしゃる方。
世のおぼえ…世間の評判。
何事かは飽かぬことあるべき御身ならぬに…御身は何事も飽かぬ(不満な)ことなきに、というのに同じ。
物思はしさ…悩み。
北方二所…北の方(奥方—上と呼ばれる)お二人。
御心ざし…御寵愛。
さま〴〵…それぞれに。
めづらしく…愛する気持ちになり。(動詞「めづ(愛づ)」から派生した語)
かをりけだかく…匂うような気品があり。

<わらはべ>

問一　二重傍線部a～fの「ものし給ふ」・「ものし給へ」と同じ意味で用いられているものとして適切なものを次から選べ。（10点）

ア　げにげにいみじきすきものにものし給ひけるかな
イ　さし過ぎたる事なくものし給ひけるかな
ウ　年頃経るに、御子ものし給はで心もとなかりければ
エ　言に出でてこそものし給はねど
オ　御料参るにも、折敷に取り据ゑてものし給ひけり

問二　傍線部①「見そめ給ひて」の主語として適切なものを次から選べ。（10点）

ア　権大納言　イ　北方　ウ　源宰相　エ　御むすめ　オ　人

問三　傍線部②「いづれの御方」が指している人物として適切なものを次から選べ。（10点）

ア　権大納言と大将　イ　北方二所　ウ　源宰相と藤中納言
エ　上だちと君だち　オ　若君と姫君

問四　傍線部③の意味として適切なものを次から選べ。（10点）

ア　今はある方と住んでいらっしゃるようだ。
イ　今は別の所に住んでいらっしゃるようだ。
ウ　今はそれなりに落ち着かれていらっしゃるようだ。
エ　今は別の人に心引かれていらっしゃるようだ。
オ　今では心離れしていらっしゃるようだ。

問五　傍線部④の意味として適切なものを次から選べ。（10点）

ア　いらぬものであっただろうに　イ　不器用であっただろうに
ウ　不都合であっただろうに　エ　無益なことであっただろうに
オ　しなくてよいことだっただろうに

問一	問二	問三	問四	問五

24　一条天皇の中宮

無名草子

時間 25分　得点 ／50　〔　月　日〕

さて*御わざの夜、雪の降りければ、

　野べまでに心ひとつはかよへどもわがみゆきとは知らずやあるらむ

とよませたまへりけむもいとこそめでたけれ。おはしまさぬあとまで、さばかりの御身に、御目もあはずおぼしめし明かしけむほどなども、かへすがへすもめでたし。*また、*中の関白殿かくれさせたまひ、また、*内の大臣流されなどして、御世の中衰へさせたまひてのち、かすかに心ぼそくておはしましけるに、頭中将*それがしまゐりて、*簾(す)のそば風に吹きあげたるより見たまひければ、いたく若き女房の清げなる七八人ばかり、いろいろの単襲(ひとへがさね)も唐衣(からぎぬ)などもあざやかにてさぶらひけるも、いと思はずに、今はなにばかりをかしきこともあらじと思ひあなづりけるも、①あさましくおぼえけるに、庭草は青く茂りわたりてはべりければ、『などかくは。これをこそ払はせておはしまさ［　　］。』ときこえたまひても、*宰相の君となむきこえける人、『露おかせて御覧ぜむとて。』と*いらへけむこそは、なほ*ふりがたく②いみじくおぼえさせたまへ。

　*上東門院の御ことはよしあしなどきこゆべきにもあらず。何事もめでたきためしにはまづひかれさせたまふ*ときなれば、とかく申すにおよばず。何事も御さいはひきはめさせたまふあまりに、御命さへ*こちたくて、あまたの帝に*おくれさせたまふこそいとくちをしくはべれ。そのたびにいとあはれなる御歌どもよませたまひたるは③心やさしくこそはべれ。一条院かくれさせたまひて、

語注

御わざ…一条天皇の中宮定子(ていし)が亡くなって、その葬送をすることをさす。
また…以下は定子生前の回想。
中の関白殿…定子の父、道隆(みちたか)。
内の大臣…道隆の子の伊周(これちか)。
それがし…何某(なにがし)。氏名不詳の人。
簾のそば…御簾(みす)の端。
宰相の君…定子に仕える女房の呼び名。
いらへけむ…「けむ」は過去の事柄についての伝聞を表す。
ふりがたく…忘れ難く。
上東門院…一条天皇の後の中宮であった藤原彰子(しょうし)。
とき…時勢。
こちたくて…はなはだ多く。つまり、長命で。
おくれ…死別する。
なきね…「無き」と「泣き寝」が掛けられた掛詞。

逢ふことを今はなきねの夢ならでいつかは君をまたは見るべき

などよませたまへるもいとめでたくこそはべれ。（以下略）

問一　本文中の「野べまでに……」の和歌に含まれる掛詞で、掛けられている二語の組み合わせを、品詞の上から説明すると適切なものはどれか。次から選べ。（10点）

ア「名詞＋動詞」と名詞の組み合わせ　イ　名詞と名詞の組み合わせ

ウ「名詞の一部＋名詞」と名詞の組み合わせ　エ　動詞と動詞の組み合わせ

問二　□の中に入る語句として適切なものを次から選べ。（10点）

ア　ね　イ　むや　ウ　め　エ　じ

問三　傍線部①の説明として、適切なものを次から選べ。（10点）

ア　自分の考えがいかにも浅いものであった

イ　見下していたのはあまりにひどいことであった

ウ　興趣のあるのもあまりに意外であった

エ　心細くしているとの推測は間違いであった

問四　傍線部②の「いみじ（く）」が表している内容として、適切なものを次から選べ。（10点）

ア　極めて見苦しい様子　イ　あまりに意外なことへの驚きの気持ち

ウ　痛々しくて見ていられないほどの様子　エ　強い感動と尊ぶ気持ち

問五　傍線部③の現代語訳として、文脈上適切なものを次から選べ。（10点）

ア　気が引けるほどです。　イ　ゆかしいことです。

ウ　優美なことです。　エ　こまやかに感じられます。

問一 □

問二 □

問三 □

問四 □

問五 □

25

藤原俊成の代表作 ―― 無名抄

時間 25分 得点 /50 （ 月 日）

俊恵曰く、「五条三位入道のみもとにまうでたりしついでに、『御詠の中には、何れかすぐれたりとおぼす。よそ人はやうやうに定め侍れど、それをば用ひ侍るべからず。まさしく承り候はむ』と聞こえしかば、

『夕されば野べの秋風身にしみて鶉鳴くなり深草の里

これをなむ、身にとりて、おもて歌と思ひ給ふる。』と^a いはれしを、俊恵また曰く、

『世にあまねく人の申し侍るは、

面影に①花の姿を先立てて幾重越え来ぬ峯の白雲

これをすぐれたるやうに申し侍るはいかに』と聞こゆれば、『いさ、よそにはさもや定め^b 侍らむ、知らず。なほみづからは、先の歌にはいひくらぶべからず。』とぞ侍りし。」と語りて、②これをうちうちに申ししは、「かの歌は、身にしみてといふ^c 腰の句、いみじく③無念に覚ゆるなり。④これ程になりぬる歌は、⑤けしきをいひ流して、ただそらに、身にしみけむかしと思はせたるこそ、心にくくも、優にも侍れ、………（後略）

語注

俊恵…鴨長明（この文の筆者）の和歌の師。
五条三位入道…藤原俊成。
御詠…あなたがお詠みになった和歌。
やうやうに…様々に。
まさしく承り候はむ…ご本人から確実にお聞きしましょう。
おもて歌…代表作。
いさ…さあ、それはどうだか。
知らず…私は知りません。
いひくらぶべからず…とても比較できない。（前の歌がずっと優れている）
ただそらに…表面に表さず。何となく。
思はせ…読む者に感じさせる。
心にくく…奥ゆかしく。
優にも…優雅でも。

問一 傍線部①の意味として適切なものを次から選べ。（7点）

ア 咲き誇る桜の花を想像しながら
イ 桜の花の咲き誇る少し以前から
ウ 咲き誇る桜の花を楽しみながら
エ 桜の花がすっかり散り終えてから

問二　傍線部②の「申ししは」の主語を、本文中の語で書け。（7点）

問三　傍線部③について、なぜ無念に思われたのか。その説明として適切なものを次から選べ。（7点）

ア　情景があまりにもあっさりと描写されてしまい情趣がくみ取れないから
イ　心情があまりにもはっきり表現され過ぎ情趣が浅くなってしまったから
ウ　情景が細かく描写され過ぎていてかえって情趣が薄れてしまったから
エ　心情がさらりと表現されてしまい情趣を深く味わうことができないから

問四　傍線部④の意味として適切なものを次から選べ。（7点）

ア　これほど思いを込めて作った歌　　イ　これほど推敲（すいこう）を繰り返した歌
ウ　これほどすぐれた出来ばえの歌　　エ　これほど世間の評判になった歌

問五　傍線部⑤の意味として適切なものを次から選べ。（7点）

ア　心情を細やかに表現して　　イ　情景を何気なく表現して
ウ　景色をあっさり表現して　　エ　情趣をさらりと表現して

問六　波線部ａの「れ」の文法的説明として適切なものを次から選べ。（5点）

ア　尊敬の助動詞の連用形　　イ　受身の助動詞の未然形
ウ　動詞の一部で連用形　　エ　動詞の一部で未然形

問七　波線部ｂの文法的説明として適切なものを次から選べ。（5点）

ア　動詞の終止形　　イ　動詞の連体形
ウ　動詞の未然形に助動詞の終止形がついたもの
エ　動詞の未然形に助動詞の連体形がついたもの

問八　波線部ｃの説明として適切なものを次から選べ。（5点）

ア　和歌の最初の句　　イ　和歌の第三句目
ウ　和歌の第四句目　　エ　和歌の第五句目

問一	問二	問三	問四	問五	問六	問七	問八

26 八講の見物 ―― 枕草子

時間 25分　得点 /50　（　月　日）

小白河といふ所は小一条の大将殿の御家ぞかし。そこにて上達部、結縁の八講し給ふ。世の中の人、いみじうめでたき事にて「遅からむ車などは、立つべきやうもなし」といへば、露とともに起きて、げにひまなかりける。轅の上にまた差し重ねて、三つばかりまでは少し物も聞ゆべし。□十余日にて、暑きこと世に知らぬほどなり。池の蓮を見やるのみぞいと涼しき心地する。左右の大臣たちをおき奉りてはおはせぬ上達部なし。二藍の指貫、直衣、浅葱の帷子どもぞすかし給へる。少し大人び給へるは、青鈍の指貫、白き袴もいと涼しげなり。殿上人・若君達、狩装束・直衣などもいとをかしうてゐもさだまらず、ここかしこにたちさまよひたるもいとをかし。

少し日たくるほどに、三位の中将とは関白殿をぞ聞えし、唐の薄物の二藍の御直衣、二藍の織物の指貫、濃蘇枋の下の御袴に、張りたる白き単衣のいみじう鮮やかなるを着給ひて歩み入り給へる、さばかりかろび涼しげなる御中に暑かはしげなるべけれど、いといみじうめでたしとぞ見え給ふ。朴・塗骨など、骨は変れどただ赤き紙をおしなべてうち使ひ持ち給へるは、撫子のいみじう咲きたるにぞいとよく似たる。まだ講師も上らぬほど、懸盤して、何にかあらむ、ものまゐるなるべし、義懐の中納言の御様つねよりもまさりておはするぞ限りなきや。

結縁の八講……仏道に縁を結ぶために法華経八巻を講読する法会。
三つ……車の三列目。　懸盤……貴人の用いる膳の一種。

問一　傍線部①と文法的意味が同じ「む」を含む文を次から選べ。（10点）

語注

＊＊の注は上段末尾にある。

上達部…三位（参議は四位）以上のもの。公卿に同じ。

めでたき事にて…素晴らしい事だとして。（見物に出かける）

立つべきやうもなし…車を止めようがない。

轅…牛車の前の方の、長い柄。この間に牛を入れて引かせる。

おき奉りては…除外申して。

帷子どもぞすかし…夏の下着を透かして見せて。

大人び…年配である。

たちさまよひ…うろうろして。

関白殿をぞ聞えし…今の関白様を当時はそう申し上げた。

かろび…軽やかで。

骨…扇の骨。

講師…コウジ。法会のときお経を講説する僧。

ア　すべて心に知らむことをも知らず顔にもてなし
イ　さるべき故ありとも法師は人に疎くてありなむ
ウ　難きことなりとも仰せごとに従ひて求めにまからむ
エ　春日野に時雨降る見ゆ明日よりはもみちかざさむ高円(たかまと)の山
オ　春立てば花とや見らむ白雪のかかれる枝に鶯(うぐいす)の鳴く

問二　傍線部②の現代語訳として適切なものを次から選べ。（10点）

ア　まことに化粧をする間もないほどの忙しさだった
イ　実に途絶える間もないほど見物の人が集まってきた
ウ　なるほどうわさどおり車を入れる隙間もなかった
エ　まったく外出の準備の時間も取れないほどだった
オ　たしかに小白河には家がぎっしり建ち並んでいた

問三　空欄□に入る月の異名を次から選べ。（8点）

ア　はづき　イ　みなづき　ウ　ながつき　エ　むつき　オ　うづき

問四　傍線部③の説明として適切なものを次から選べ。（10点）

ア　謙譲語で、義懐の中納言から講師への敬意を表す
イ　尊敬語で、作者から三位の中将への敬意を表す
ウ　謙譲語で、人々から講師への敬意を表す
エ　尊敬語で、作者から義懐の中納言への敬意を表す
オ　謙譲語で、人々から義懐の中納言への敬意を表す

問五　本文の内容に照らして適切なものを次から選べ。（12点）

ア　左右の大臣たちも結縁の八講に居合わせていた
イ　人々は直衣の上に帷子を重ねて着用していた
ウ　三位の中将は後に関白に昇進した人物である
エ　人々は皆撫子を図案に描いた扇を使っていた

問一	問二	問三	問四	問五

27 出家の心得 ―― 徒然草

時間 25分　得点 /50　〔　月　日〕

①大事を思ひ立たん人は、去り難く*、心にかからん事の本意*を遂げずして、さながら*捨つべきなり。②「しばし。この事果てて」、③「同じくは、かの事沙汰*し置きて」、「しかじかの事、ひとの嘲り（あざけ）やあらん。行末難なく*したためまうけて*」、「年来*もあればこそ*あれ、その事待たん、程あらじ*。物騒がしからぬやうに」など思はんには、え去らぬ*事のみいとど重なりて、事の尽くる限りもなく、思ひ立つ日もあるべからず。おほやう、人を見るに、④少し心あるきはは、皆、このあらましにてぞ一期は過ぐめる。

⑤近き火などに逃ぐる人は、⑥「しばし」とや言ふ。身を助けんとすれば、⑦恥をも顧みず、財（たから）をも捨てて遁（のが）れ去るぞかし。命は人を待つものかは*。⑧無常の来る事は、水火の攻むるよりも速かに、遁（のが）れ難きものを、その時*、老いたる親、いときなき子*、君の恩、人の情、捨て難しとて捨てざらんや。

語注

去り難く…「心に」と上に補って読むと意味がとりやすい。
本意…ホイ。本来の希望・願望。
さながら…全部。
沙汰…始末をつけること。
難なく…非難のないように。
したためまうけて…前もって処置しておいて。
年来…長年の間。
あればこそあれ…こういうやり方で無事にやって来たのだ。
程あらじ…大して時間もかかるまい。
え去らぬ事…避けられないこと。
命は人を待つものかは…寿命は待ってはくれない。
その時…無常の来たる時。
いときなき子…幼い子。

問一　傍線部①の「大事」は、具体的にどのような行為を指しているか。漢字二字で書け。（5点）

問二　傍線部②を二十字以内で現代語訳せよ。（8点）

問三　傍線部③の現代語訳として適切なものを次から選べ。（4点）

ア　さらには　**イ**　同様に考えるなら　**ウ**　同じことなら
エ　同じことだが　**オ**　同じことは

問四　傍線部④で筆者は世の中の人々を観察して、「少し心あるきは」は「皆、このあらましにてぞ一期は過ぐめる」と述べている。では、筆者の考えによれば「心あるきは」であれば「どうする」か。五字以内で答えよ。（5点）

問五　傍線部⑤は、この文章の中で傍線部①とどのような関係に置かれているか。筆者の考えに最も近いものを次から選べ。（5点）

ア　「大事を思ひ立たん人」は「近き火などに逃ぐる人」のようであってはならない。
イ　「近き火などに逃ぐる人」は「大事を思ひ立たん人」のようであってはならない。
ウ　「近き火などに逃ぐる人」は「大事を思ひ立たん人」と同じである。
エ　「大事を思ひ立たん人」は「近き火などに逃ぐる人」のようでなければならない。
オ　「近き火などに逃ぐる人」は「大事を思ひ立たん人」のようでなければならない。

問六　傍線部⑥の「とや言ふ」の部分を現代語訳せよ。（8点）

問七　傍線部⑦の「恥」は本文の他の箇所に対応した表現であると考えられる。本文中から、この「恥」に対応する二字の語を抜き出して書け。（5点）

問八　傍線部⑧を同じ意味の一字の現代語で言い換えて書け。（5点）

問九　以下は、本文を評した文である。空欄□に入る言葉として適切なものを、あとから選べ。（5点）

古典というと、わたし達は穏健なものとして受け取ることに慣れっこになっているが、この文章など、読みようによっては、ラディカルなことが書かれている。現在、これだけのことを言える人がどれだけいるだろう。たとえば「立つ鳥あとを濁さず」という言葉がある。しかしここで著者兼好は、「□」と言っているのである。

ア　鳥はあとを濁らせてまで飛び立つ必要はない
イ　鳥はあとを濁らせて飛び立つのがよい
ウ　飛び立つ鳥はあとを濁らすことが大事だ
エ　旅の恥はかき捨ててよい

問一

問二

問三

問四

問五

問六

問七

問八

問九

28 六と録の間違い話 ―― 宇治拾遺物語

時間 25分　得点 ／50　（　月　日）

これも今は昔、白河院の御時、＊北おもての曹司に、①うるせき女ありけり。名をば六とぞいひける。＊殿上人ども、もてなし興じけるに、雨うちそぼ降りて、つれづれなりける日、ある人、「六よびてつれづれ慰めん。」とて使をやりて、「六よびて＊来。」と言ひければ、ほどもなく、「六召して参りて候ふ。」と言ひければ、「あなたより＊内の出居の方へ具して来。」と言ひければ、侍出で来て、「こなたへ参り［A］。」と言へば、②「便なく候ふ。」など言へば、侍帰り来て、「召し候へば、『便なく候ふ。』と申して、恐れ申し候ふなり。」と言へば、＊つきみて言ふにこそと思ひて、「などかくは言ふぞ。ただ来。」と言へども、③「ひが事にてこそ候ふらめ。さきざきも、内の御出居などへ［B］ことも候はぬに。」と言ひければ、この多くゐたる人人、「ただ参り給へ。＊やうぞあるらん。」と責めければ、「＊ずちなき恐れに候へども、召しにて候へば。」とて参る。この主見やりたれば、＊刑部録といふ＊庁官、びん・ひげに白髪まじりたるが、とくさの狩衣に青袴着たるが、④いとことうるはしく、さやさやと鳴りて、扇を＊笏にとりて、すこしうつぶして、うづくまりゐたり。＊大かたいかにいふべしともおぼえず、物も言はれねば、この庁官いよいよ［C］かしこまりてうつぶしたり。

語注

北おもての曹司…院の御所を警固する武士の詰め所。
殿上人…テンジョウビト。四位・五位・六位の蔵人。雲の上人・うへびとともいう。
来…コ。命令形。
内の出居…院の御所の客間。
つきみて…強いて断って。
やう…わけ。
ずちなき…とんでもない。
刑部録…刑部省の四等官。七位か八位。録は普通サカンと読むが、「ロク」とも言われた。そこで六という女と間違って呼ばれるという珍事が起こった。
庁官…院の庁の官人。
笏にとりて…笏のように持って。
大かた…（下に否定表現があれば）全く。

問一　傍線部①～④の意味として適切なものをそれぞれ次から選べ。（各3点）

①　ア　こうるさい女　　イ　なまいきな女
　　ウ　美人で評判の高い女　　エ　賢い女

② ア とんでもないことでございます　イ 納得がいかずいやでございます
ウ わけもないことでございます　エ 慎んでお受けいたします
③ ア 非常事態　イ 無理難題　ウ 意地悪　エ まちがい
④ ア 悲しそうに　イ きちんとして
ウ かわいらしく　エ きらびやかに

問二　二重傍線部「恐れ」の「恐」を使った二字熟語で、この部分の文意に合うものとして適切なものを、次から選べ。（5点）
ア 恐怖　イ 恐悦　ウ 恐縮　エ 恐慌

問三　空欄 A ～ C を補うのに適切なものを次からそれぞれ選べ。ただし、語群の語は終止形であるが、空欄に入れる時は活用させる場合もある。（各4点）
ア 参る　イ 候ふ　ウ 給ふ　エ 怒る　オ 恐る

問四　本文中には、係り結びが何箇所か使われている。そのうちの結び語が助動詞であるものはいくつあるか答えよ。（7点）

問五　本文の内容に合致しないものを次からすべて選べ。（完答7点）
ア 殿上人たちは、時々「六」という女を呼び出しては話し相手として楽しんでいた。
イ 老庁官は、いわれのない叱責と詰問に恐れるばかりで、恐怖のためうずくまっていた。
ウ 老庁官は、分に応じて礼儀正しく控えめな人物であった。
エ この取り違えは、実は、殿上人を楽しませようとする「六」の機知が生んだものであった。

問六　問題文の趣旨を簡潔に表現するものとして適切なものを次から選べ。（7点）
ア ユーモラスな誤解　イ 痛烈な風刺　ウ 軽妙な遊び心

問一	①	②	③	④

問二	問三 A	問三 B	問三 C	問四	問五	問六

29

「綱手かなしも」の歌 —— 百首異見

時間 25分　得点 /50　（　月　日）

世の中は①常にもがもな渚漕(なぎさこ)ぐあまの小舟の綱手かなしも　　鎌倉右大臣

『新勅撰集(しんちょくせん)』羇旅*、「題しらず」。世の中は命死なずて常なるものにもあれな、今此(こ)の浦の渚漕ぎ渡る海士(あま)の小舟の綱手*引くさま、身にしむばかりあはれにも面白きをとなり。さるは、幾度も立ち返り来て見んずる*ものをと、②あかぬ情景にあたりて更に無常を観ずるは感情のきはまりなり。この意(こころ)ばへ*古歌に多し。すなはち二句は、万葉巻一に「河上乃湯津磐村二(カハノウヘノユツイハムラニ)　草武左受(クサムサズ)　常丹毛冀名(ツネニモガモナ)　常処女煮手(トコヲトメニテ)」とある四の句なり。「がもな」は「がも」といふに、「な」の言(こと)の添へるなり。後にて言へば、願ひの「がな」に「も」の言の加はれるなり。いづれ嗟歎(さたん)*の「てにをは」*の重なりたるに、調べいたく緩(ゆる)まりて、③末遠く願へる意おのづから匂へる*ものなり。末句*は『古今集』の④「陸奥はいづくはあれど塩釜の浦漕ぐ舟の綱手かなしも」とあるを⑤取られたり。此の古今の歌の「綱手悲しも」は綱手引く舟の悲しきといふにはあらず。綱手のかた*をあはれと見たるなり。綱手引くらんは、⑥さばかりのものならじと思はるれど、⑦そのかみさる時、いかなる景色にか侍りけん、おそらくは見所ありしなるべし。

問一　傍線部①を十五字以内で現代語訳せよ。ただし、句読点も一字とする。（10点）

問二　傍線部②の意味として適切なものを次から選べ。（6点）

ア　夜明け前の薄暗い情景　　**イ**　見飽きることのない情景

ウ　人生を深く考えさせる情景　　**エ**　繰り返し十分楽しんだ情景

語注

羇旅…キリョ。旅。和歌集の部立（ブダテ、分類）。

綱手…川を遡るため、船頭が陸地を歩きながら船を引いて行くための綱。

見んずる…「んずる」は「むとす」が縮まって「むず」となった助動詞の連体形。

意ばへ…心のおもむき。

嗟歎…詠嘆。感動。

「てにをは」…助詞・助動詞を江戸時代にはこう言った。

匂へる…気配が感じられる。

末句…第五句。

綱手のかた…船を引いて川を遡って行く風景。

＜鎌倉右大臣＞（源　実朝）

問三　傍線部③の意味として適切なものを次から選べ。（6点）

ア　永い時間続くようにと願う意味

イ　遠く離れた所に願いを及ぼすという意味

ウ　歌の下句にまでかかる意味

エ　リズムの緩やかさが持続するようにという意味

オ　遠い将来のことを願うという意味

問四　傍線部④「陸奥」のここでの読みをひらがなで書け。（4点）

問五　傍線部⑤「取られたり」とあるが、古い歌の表現を自分の歌に引用する、このような手法を通常和歌で何と呼ぶか。その名称を書け。（8点）

問六　傍線部⑥の意味として適切なものを次から選べ。（8点）

ア　それほど辛い仕事ではないだろう

イ　漁師の仕事はそれだけに限られるものではないだろう

ウ　そのような者だけではないだろう

エ　そのように感激するほどのものではないだろう

問七　傍線部⑦「そのかみさる時」とはいつのことを指しているか。適切なものを次から選べ。（8点）

ア　『万葉集』の歌が詠まれた時

イ　『古今集』や『新勅撰集』の歌が詠まれた時

ウ　神々が世を司っていた時

エ　その場を立ち去ろうとする時

問一

問二

問三

問四

問五

問六

問七

＜綱手で引く舟＞

30 木曾路の旅 ―― 更科紀行

さらしなの里、をばすて山の月見ん事、しきりにすすむる秋風の心に吹きさわぎて、ともに①風雲の情をくるはすもの又ひとり、*越人と云ふ。木曾路は山深く道さがしく、②旅寝の力も心もとなしと、*荷兮子が奴僕をしておくらす。おのおの心ざし尽すといへども、駅旅の事心得ぬさまにて、共に*おぼつかなく、ものごとのしどろにあとさきなるも、なかなかにをかしき事のみ多し。何々といふ所にて、六十斗の道心の僧、*おもしろげも*をかしげもあらず、ただ、*むつむつとしたるが、③腰*たわむまで物おひ、息はせはしく、足はきざむやうにあゆみ来れるを、ともなひける人のあはれがりて、おのおの肩にかけたるもの共、かの僧の*おひねものとひとつにからみて馬に付けて、我をその上にのす。高山奇峰頭の上におほひ重なりて、左は大河ながれ、岸下の千尋のおもひをなし、*尺地もたひらかならざれば、鞍のうへ静かならず、只あやふき煩ひのみやむ時なし。

桟はし・寝覚など過て、猿がばば・たち峠などは四十八曲とかや。九折重なりて雲路にたどる心地せらる。歩行より行くものさへ、眼くるめきたましひしぼみて、足さだまらざりけるに、かのつれたる奴僕いともおそるるけしき見えず、④馬のうへにて只ねぶりにねぶりて、落ぬべき事あまたたびなりけるを、あとより見あげてあやふき事かぎりなし。仏の御心に衆生のうき世を見給ふもかかる事にやと、無常迅速のいそがはしさも我が身にかへり見られて、⑤あはの鳴門は波風もなかりけり。

語注

越人・荷兮……ともに芭蕉の門人。
おぼつかなく…頼りない。
おもしろげ…風流。
をかしげ…情趣。
むつむつ…むっつりと。
たわむ…曲がる。
おひねもの…背負っているもの。
尺地…狭い道。

時間 25分
得点 /50
〔 月 日〕

問一　傍線部①「風雲の情をくるはす」を現代語訳した左の文の空欄に当てはまるものをあとから選べ。（9点）

［　　］の中にさすらいたいという思いにかられる

ア　環境　イ　天候　ウ　嵐　エ　自然

問二　傍線部②「旅寝の力」のここでの意味として適切なものを次から選べ。（8点）

ア　体力　イ　旅費　ウ　知恵　エ　先達

問三　傍線部③「が」に近い用法のものを傍線部a～dの中から選べ。（8点）

問四　傍線部④「馬のうへにて只ねぶりにねぶりて」の主語を本文から抜き出して書け。（8点）

問五　傍線部⑤「あはの鳴門は波風もなかりけり」は、兼好法師作と伝えられる「世の中をわたりくらべて今ぞ知る阿波（あわ）の鳴戸は波風もなし」という和歌をふまえたものである。このような表現をした理由として適切なものを次から選べ。（9点）

ア　風流を求めるため旅に出たが、あまりに忙しいため。

イ　芭蕉の日常生活が忙しいため。

ウ　今回の旅がとても厳しいものであるため。

エ　仏の教えに従う僧の、過酷な旅を見たため。

問六　『更科紀行』の旅に出た人数として適切なものを次から選べ。（8点）

ア　一人　イ　二人　ウ　三人　エ　四人

問一［　］

問二［　］

問三［　］

問四［　］

問五［　］

問六［　］

本書に関する最新情報は，当社ホームページにある本書の「サポート情報」をご覧ください。(開設していない場合もございます。)

高校 トレーニングノートβ 古文

編著者 高校教育研究会
発行者 岡 本 明 剛
印刷所 岩岡印刷株式会社

発行所

株式会社増進堂・受験研究社
〒550-0013
大阪市西区新町2丁目19番15号
電話 (06) 6532-1581㈹
FAX (06) 6532-1588

落丁・乱丁本はお取り替えします。 Printed in Japan 高廣製本

ひっぱると，はずして使えます。

Training Note

トレーニングノートβ

古文

解答・解説

解答編

(高)トレーニングノートβ　古文

○問題集の方に解答を記入してから、答え合わせをしてください。自分で解答しないで解答編だけを見ても、学習の効果は上がりません。
○自分の解答が自信をもって正答出来た場合は、解説を読まなくても結構ですが、あやふやながらの正答であったとか、誤答であった場合は、必ず解説を読んで解答の方法を身につけてください。■印以下には、一般的な注意が書いてありますので、参考にしてください。太字の部分は、特に重要な点ですから、気をつけて読んでください。

1 小萩がもと （4・5ページ）

出典…『源氏物語』（桐壺）
平安中期の長編の作り物語。五十四帖。紫式部作。光源氏を主人公とし、紫の上をはじめ多くの女性を配して宮廷の生活を背景にして、当時の有様を描く。

解答　**問一**　ア　**問二**　イ　**問三**　縁起が悪い　**問四**　宮仕へ
問五　aエ　bイ　cウ　dオ　**問六**　㋐イ　㋑ウ

解説　**問一**　傍線部①より前に注目する。「かしこき仰せ言」とは桐壺帝が故大納言の妻と若宮に参内をうながす言葉である。　**問二**　傍線部②前後に注目する。若宮が参内することはもっともであり、この家にいるのも縁起が悪いとある。だが、悲しいことであると言っている。　**問三**　「いまいましう」は形容詞「いまいまし」の連用形「いまいましく」のウ音便化である。　**問四**　傍線部④を含むかぎかっこ（『　』）内に注目する。「この人の宮仕への本意、かならず遂げさせたてまつれ」とある。「この人」とは桐壺の更衣のことである。　**問五**　a参内することを思っているのは若君である。　b待っているのは桐壺帝である。「奏し」という言葉が使われていることにも着目する。　c故大納言の妻のもとへ使いとして立ち寄ったのは靫負命婦である。　d前後に注目する。宮仕えをしたのは桐壺の更衣であり、宮中で「恥を隠しつつ、交らひたまふ」人も、桐壺の更衣である。　**問六**　㋐故大納言に対する敬意を表している。　㋑「思ひたまへられ」は、「（かえって恨めしく）思われる」という意味になる。

通釈　（故大納言の妻である、桐壺の更衣の母君は）「長生きをしていることが、とてもつらく思い知られますが、（古歌にあるように）（長寿の高砂の）松に（自分がまだ生きているのかと）思われることさえ、気が引けると思いますので、宮中に行き来をしますことは、なおさら、恐れ多いことでございます。もったいないお言葉を、たびたびお受けしながら、私自身はとても参内を決意するような気になれそうもありません。若宮は、どのようにお思いになっていらっしゃるのか、参内なさることばかりを、お急ぎのようなので、（それも）もっともなことで、（若宮とお別れすることになる）私は悲しく拝見しておりますと、内々に、私が思っておりますさまを、桐壺帝に申し上げてください。私は（娘を亡くしました）不吉な身でございますので、（若宮が）このように（ここに）いらっしゃるのも、縁起が悪く、恐れ多いことで（ございます）」とおっしゃる。
若宮はお休みになってしまった。（命婦は）「（若宮に）お会いして、詳しくご様子も帝に申し上げたいと存じますが、（帝は）お待ちになっているでしょうから。それに夜もすっかり更けてしまいそうです。」と言って（帰りを）急ぐ。
（母君は）「娘を亡くした悲しみに途方に暮れる親の心の闇もせめてその悲しみの耐えがたい一端だけでも、晴れるほどにお話を申し上げたく思いますので、帝のお使いとしてでなくゆっくりとお出かけください。数年来、うれしく晴れがましい機会に、お立ち寄りくださいましたのに、このようなお便りのお使いとしてお目にかかることは、本当に無情な私の命でございますね。（桐壺の更衣は）生まれた時から（宮仕えさせたいと）願っていた人で、亡くなった（父親である）大納言が、臨終の時まで、ひたすらに、『この人の宮仕えの望みを、きっと遂げさせ申し上げなさい。私が死んでしまったとしても、情けなくも（宮仕えの）志を捨ててはいけない』と、何度も言い聞かせておかれましたので、しっかりとした後見人のいない宮仕えは、かえってしない方がいいに違いないと存じながら、ただあの（夫の）遺言に背かないようにと思うばかりに、宮中に出仕させましたが、身に余るほどの（帝の）ご寵愛が、何事につけてもありがたく、後ろだてのないという、恥を隠しながら、（他の宮中の方々と）交際をなさっているようでしたが、人のねたみが深く積もって、心が安らかでないことがますます多くなってきましたので、普通ではない有様で、とうとうこのようになってしまいましたので、かえって心苦しいものと、帝のご寵愛が（恨めしくさえ）思われます。」

2 人が楼に登るわけ（6・7ページ）

出典…**『今昔物語集』**（巻二十四）
説話集。筆者未詳。天竺（インド）・震旦（中国）・本朝（日本）の三部に分かれ、千余の説話を集める。「今は昔」という書き出しがこの書名の由来。

解答　問一　ア　問二　イ　問三　エ　問四　キ

解説　問一　選択肢の言葉を空欄にあてはめると、Aはすぐれた学者であったというのだから「やむごとなし」、Bはその経歴を述べているから「としごろ」、Cは最後までやり遂げたのだから「こころもとなし」ということもなく、となる。Dは月が見える様子を言う言葉として「おもしろし」は常套語。Eの「明かり」を修飾する言葉としてふさわしいのは「いみじ」。選択肢アの「らうたし」は、可愛いという意味だから、あてはまる箇所はない。したがって、これが答えとなる。　問二　十二支は、方角・時刻・年次などを数えるために、絶対に必要な常識。

午(馬)	未(羊)	申(猿)	酉(鳥)	戌(犬)	亥(猪)
うま	**ひ**つじ	**さ**る	**と**り	**い**ぬ	**ゐ**
子(鼠)	丑(牛)	寅(虎)	卯(兎)	辰(竜)	巳(蛇)
ね	**う**し	**と**ら	**う**	**た**つ	**み**

コジツケだが、「**寝牛と歌美、馬久（ひさ）といいナカダ**」とでも覚えよう（ナカダはおまけ）。あとは「**子**」が**午前零時**、方角なら**北**だから、順に数えれば間違いなく解答できる。

時刻

方位

ついでに、**十二か月の異名**も覚えておこう。

し	師走	（12月）
し	霜月	（11月）
か	神無月	（10月）
な	長月	（9月）
は	葉月	（8月）
ふ	文月	（7月）
み	水無月	（6月）
さ	皐月	（5月）
う	卯月	（4月）
や	弥生	（3月）
き	如月	（2月）
む	睦月	（1月）

今度は逆順である。初めの方はよく覚えているが、後の方は怪しくなるのが通例だから、後から覚える。これもコジツケだが、「**獅子が縄踏み、さうや、キムチ**」（チはおまけ）。　**問三**「殿ばらの、[F]と詠じ給ひつる」には、普通の訓読の仕方である選択肢のcを入れれば文脈が通ずる。すると[G]には普通の訓読の仕方ではないaが入ることになる。さて、cに対応するのはb、aに対応するのはdである。整理すると、

普通……c　月は～上れり　⇒　b　月はなにしに上る
宰相……a　月によりて～上る　⇒　d　月を見むがため～上れ

ところで、宰相のような読み方は、漢文の読み方としては、異様である。しかし、理屈としては、この方が納得できる。そういう点を衝いた文章なのである。（もっとも、「月が出て、長安の高楼の上に照っている」と取れば、cの読み方でよいことになる。——しかし、それでは、この話は成り立たない。「上る」を「人が楼上に登る」としたから、こんな話が出来たのである）

問四　「見へ渡り」は「見え渡り」、「見へけり」は「見えけり」とあるべきところである。もし「見へ」なら、終止形以下の活用は「見ふ・見ふる・見ふれ・見へよ」となる。こんな仮名遣いは見たこともないだろう。

通釈　今となっては昔のことであるが、村上天皇の御代に、大江朝綱という文章博士がいた。非常にすぐれた学者である。長年、文章道をもって朝廷にお仕えしていたが、少しも心もとない点もなく、ついに宰相〔＝参議〕にまでなって年七十余りで世を去った。

その朝綱の家は二条大路と京極大路の交わるところにあったので、はるかに東の（加茂川の）川原が見渡せ、月が美しく眺められた。ところが、朝綱が亡くなって後、何年もたってから、ある年の八月十五日の夜の月がたいそう明るく輝いていた時に、漢詩文を好む連中十余人が打ち連れて、月を賞美するために、「さあ、月見に故朝綱

の二条の家に行こう」と言って、その家に出かけて行った。

その家を見ると、(すでに)古び荒れ果てて人の気配もない。屋敷の建物はどれもみな荒れて、ただ竈屋(かまどや)だけが残っていたが、この人々はそのこわれた縁側に居並んで、月に興じ詩句を朗詠していたが、

踏沙……＝河岸の白砂を踏み練帛(ねりぎぬ)を肩に打ち掛け着て清明の秋気に立つと名月は高く長安城の高楼の上にかかっている。

という詩を詠じた。この詩は、昔、唐に白楽天という人が八月十五夜に月をめでてつくった詩句である。その中の二句をこの人々が朗詠していた。さらにまた、故朝綱の詩文が華麗秀逸であったことなどを語り合っていると、その時、北東の方から、尼が一人やって来て、「ここにはどなたが来て詩を吟じていらっしゃるのですか」と聞く。「月を見に来たのだ。それにしても、あなたはどういう尼か」と尋ねてみた。すると、尼は、「故宰相殿にお仕えしておりました人の中でこの尼の私だけが生き残っております。このお殿には男女の召使いが大勢おりましたが、今ではみな死に絶えて、私一人今日明日とも知れぬ命を生き長らえておるのでございます」と答えた。詩文を好むこの人々は、この言葉を聞いただけでも感動して、涙を流す者もいた。

やがて、尼が言った、「いったい、あなた様方は、『月は長安の百尺の楼に上れり』と詠じなさいましたね。昔、故宰相様は「月によりて百尺の楼に上る」と詠じなさいました。あなた様方のこの詩の読み方は故宰相様の読み方とは違っています。月は、何のために楼上に登る必要がありましょう」と、そしてさらに言葉をついで「人が、月を見るために楼に登るのですよ」(だから、「月によりて百尺の楼に上る」と読むのが本当でしょう)と言うのを、この人々は聞き、涙を流して尼の言葉にこの上なく感動したのであった。

3　罰をのがれた歌詠み　(8・9ページ)

出典…『古本説話集』

コホンセツワシュウ。平安時代後期の説話集。編者不明。和歌芸術説話と仏法説話から成る。

解答　問一　C　問二　大隅のかみ—いで〜よめ　郡の司—はか〜てむ　問三　(1)けれ　(2)せ　(3)て　問四　①人　②大隅のかみ　③郡の司　問五　a気の毒　bお前　問六　(ア)髪(頭)　(イ)雪　(ウ)霜　(エ)笞(しもと)　問七　ウ・オ　問八　(ア)オ　(イ)ア　問九　ウ

解説　問一　**このような設問は、**全文を読まなくては解答が出来ないから、**最後に解くのが得策**である。Cの少し前に「なにごとにつけてこれをゆるさむ」とあるのがヒントになる。　問二　直前に「といらふ」「といへば」という表現があるのがヒントになる。　問三　**助動詞の意味用法と接続をしっかり覚えておくこと。**これを覚えなくては、いくら古文を読んでも意味が正確につかめない。身につけてしまうと、以後の学習のはかどることは意外なくらいである。　問四　①は「申しければ」とあるので国司の部下であるはずだが、文中では「人」と書かれているので、その通り答える。③の「いらふ」は、返事をするという意味。　問五　「おれ」(「おのれ」に同じ)は、自称と他称があるが、ここでは自称とは考えられない。　問六　掛詞は、霜と「しもと」の「しも」を掛けてある。このように、**比喩や掛詞を巧みに使った歌を秀歌として賞賛した。**こういう秀歌を作ったことは、無罪放免にする十分な理由になったのである。　問七　『古今和歌六帖』は、平安時代の分類和歌集である。　問九　「高家」には権勢の家という意味もあるが、この場合は、そういう家の存在は考えられない。

通釈　今となっては昔のことだが、大隅の守が、国の政治をとり行っている時に、郡司に締まりのないことが幾つもあったので、「呼びにやって懲らしめよう」と言って、使いの人をやった。今までも、このようにだらしないことがある時は、その罪に応じて、重くあるいは軽く、罰することがあった。今回の場合は一度だけでなく、たびたび重なったことなので、「これも罰しよう」と思って呼んだのであった。さて、「ここに連れて来ております」と使いが申したので、これまでしていたように、尻と頭に乗って押さえつける人、笞(むち)を切り取って用意して打つ役の人などを決めていたところ、二人の人が引っぱって連れて来たのを見ると、頭は黒い髪の一すじも混じらないで全く白く、それを見ると、笞で打たせることがかわいそうに思われたので、何かにかこつけて郡司を許してやろうと思うのだが、かこつけるのにうまく当てはまることが何もない。罪の数々を、片端から尋ねるのだが、ただ老人であることだけを口実にして答えるだけで、(許す手がかりになるようなことは何も言わない。)大隅の守はどうにかしてこいつを許してやろうと思って「お前は本当にひどいやつだな。そうではあるが和歌は詠めるか」と言うと、「際だっているような歌は詠めませんが、お詠み申し上げましょう」と答える。「さあ、それでは詠め」と言うと、間もなく声を震えさせて詠み出した。

としをへて…＝私は年老いて、頭は雪が積もったような白髪となっていますが、そ

れでもやはり霜だと見ると(笞を見ると)、やはりぞっとして体が冷たくなってしまいます。
と詠んだので、大隅の守はひどく感動し、また、気の毒に思って許してやったという話である。

お灯明をつけないで (10〜11ページ)

出典…『西山物語』
作者は建部綾足。問七参照。

解答 問一 aア bウ cウ 問二 ア 問三 ウ 問四 ア
問五 お灯明を二本とも消したこと。 問六 男女の姿かたちには関係ないという事。(男女の差はないという事。) 問七 Aア Bイ Cエ

解説 問一 「きよら」は、清らかな美。なお、美にはいろいろな美があり、古文では多くの単語がある。多くは形容詞である。
○可憐な美―**いつくし** ○華美―**きらきらし** ○清澄な美―**さやけし**
○明るい美―**をかし** ○優美―**やさし** ○結構な美―**めでたし**
○優雅―**みやび** ○見飽きない美―**めづらし** ○生き生きとした美―**なまめかし** ○清らかな美―**きよらなり・きよら**
「**けに**」は「**異に**」、「**げに**」は「**実に**」である。混同しないように注意する。
「わたつみ」は海。海にいるのはどの女性か。 問二 歌物語の主人公として有名な人物である。 問三 上に「物や」とあるから、結びは連体形になる。助動詞「らむ」は「らむ・らむ・らめ」と活用する。この二点から考える。
問四 「恋」ではないし、「述懐」という程に深い思いを述べたものではない。また、「哀傷」は、人の死を悼む歌を指すので「寂しさ」しか残らない。「秋の夜が明けたのに鳴き続ける虫は、私のように物寂しさを感じてたまらないのだろう」という歌。 問五 傍線部は、挿入句で、以下に述べている事についての推測をしている。 問六 「相」に「すがた」と振り仮名が付いているのに注意。つまり「姿かたち」の意味である。「**てふ**」は「**といふ**」の縮まった語。 問七 「斬殺事件に取材した」ような作品は伝奇物語(怪奇・幻想に富んだ物語)という。「雅文」とは、優雅な文章のこと。選択肢の近世小説の主な作家をあげると、洒落本―山東京伝 滑稽本―十返舎一九・式亭三馬 人情本―為永春水 読本―上田秋成・山東京伝・曲亭馬琴(滝沢馬琴) 他に、草双紙―恋川春町・山東京伝・柳亭種彦
*問題文の原文は「こころしづかによみ奉りける」が「よみ給ひける」となっているが、意味が通じないので「奉り」に改めた。

通釈 しだいに涼しい風が吹き出し、月の光も清く澄んでくると、少し生き返ったような気持ちになり、夜だけはしいて起き出し、静かな灯をかき立てて歌物語などを読んでいると、自分と同じように物思いをした人が昔から大勢いたのだった(と思う)。それで、寝られぬままに、
秋の夜の……＝秋の夜が明けるのも知らずに鳴き続ける虫は私のように何か悲しんでいるのだろうか。
今宵は不思議と以前のことが思い出され、しきりに涙が流れるので、お経を一巻読誦申し上げようと思いながら、奥の間を見ると、虫などが飛び入ったのか、お灯明が二本とも消えていた。尼たちもそろっていびきを立てて眠っておられるので、私は火打ち石を使ってお灯明をともし法華経の提婆品という巻を心を澄まして読誦申し上げた。そして、悟りの道には、男女の姿かたちは関係ないということを、竜女(海神の娘)に説法なさったところまで読むと、灯がまた二本ともに暗くなったので、お経を読むのを途中でやめて立ち上がり灯をかき立てようとすると、「灯はそのままで照らさないでください」という声がする。見ると白い着物を身につけた乙女が、髪は黒々としてうつむいて伏していた。

西行法師の桜の歌 (12・13ページ)

出典…『山家集』についての評論文
山家集…サンカシュウ。西行法師の私家集(個人歌集)。枯れた平明な歌・自然への愛を詠じた歌に特色がある。約千五百首をのせる。

解答 問一 オ 問二 ア 問三 (a)散る (b)未然形・已然形
問四 ウ 問五 六七・八四・一一八・一五〇(採点は、一つ二点ずつとし、誤答一つにつき二点減点)

解説 問一 「魅入られる」はそのもの(この場合は桜)が持つ抵抗出来ない力(魅力)に引き付けられ夢中になり、そのとりこになってしまうこと。

問二　「極言」は極端な言い方。「過言」は言い過ぎ。　**問三**　ⓐは、引用された歌のすべてにある言葉は「散る」であることがヒントになる。ⓑは、用いられている活用形をあげると次のようになる。六七は連用形（「散り」となるのは連用形のみ）。八三は終止形（「らん」は終止形に付く推量の助動詞）。八四は命令形。一一〇は連体形（「に」は連体形に付く断定の助動詞「なり」の連用形）。一一八は連用形（「ね」は完了の助動詞「ぬ」の命令形）。一二〇は連体形（「散る」は「別れ」という名詞にかかっている）。一五〇は命令形。

問四　「今年散れ」は、「今年はいつもの年と違って散れ」ということ。「なかなかさらば」は、「さらば、なかなか」の倒置である。**命令形**は、しばしば**禁止・願望・勧誘・放任・許容などの表現を含めて表現する**場合にも用いられる。この場合は、願望の意味が含まれている。　**問五**　「句切れ」を明らかにするためには、和歌に句点を付けるとよい。第三句の末尾に句点が付けられれば三句切れである。（八三は「咲く花は、──→散るらん──→」、一一〇は「白雲は、──→散るにやあるらん」、一二〇は「馴れぬれば、──→悲しかりけれ」というように、下の句へ続くので、三句切れにはならない。）一一八は、歌が少し異様なのでうっかり見落とすかも知れない。「散りね花。憂き世をいとふ」となるので、三句切れである。

通釈　（和歌の訳）六七　それにしても、憧れる心は、やまない（抑えられない）ほどの、山桜（やまと山桜を掛ける）のすばらしい花だよ。それが散ってしまった後は、散らせないためには我が身に代えても惜しくはなかったのにと思うほど、残念に感ずることであろうなあ。

八三　風が越して来る風越の峯つづきに咲く桜は、いつ満開だったということも人に知られぬ間に散るのであろうか。（惜しいことだ）

八四　風に散るのが桜のならいではあるが、風が「散れ散れ」と誘っても、山桜を尋ねて訪れる私が行くのを待って、その後で散るようにしてほしい。

一一〇　吉野山で、谷へたなびく白雲は、峯の桜が散って、それが白雲のように見えているのであろうか。

一一八　私を一緒につれて散ってほしい。桜の花よ。私も、このつらい世をいとう気持ちのある者なのだよ。

一二〇　いくら幾日もの間眺めていたといっても、この桜を物思いしつつ見て来て桜にすっかり馴れ親しんでしまったので、「桜が散る」という、この別れは本当に悲しいことだ。（「眺む」は、「眺める」と「物思いに沈んで見ている」という二つの意味を兼ねている）

一五〇　さて、今年は、散るのを惜しんだいつもの年とは違って「散れ」と桜を説得してみよう。そうしたら、かえって風が散るのを惜しんで、花を散らさないでくれるかもしれない。

6　滝口の武士の出家　（14・15ページ）

出典…『平家物語』

軍記物語。前半は平家の栄華、後半は没落を描く。和漢混交文で書かれ、仏教的無常観で貫かれている。作者不詳。

解答　**問一**　Aエ　Bイ　**問二**　エ　**問三**　ア　**問四**　イ　**問五**　ウ

解説　**問一**　Aは、この後の「世になき者」と対照的なものを考える。Bは、この前の「みにくき者」と対照的なものを考える。　**問二**　諫言の「諫」は「いさめ」という訓である。（なお、箴言は教訓・戒めとなる短い言葉、金言ともいう。謹言は手紙の最後に書きそえる結びの言葉。直言は思っていることを相手にはっきり言うこと）　**問三**　「**こそ＋已然形＋読点**」の形は、「**～だが**」という解釈をして、下へ続けるのが原則。この原則に合っているのはアだけ。　**問四**　「あくがる」は魂が体から離れる状態を言う。横笛の言葉の初めに「われをこそすてめ」とあるから、横笛は捨てられたのである。このことに注意したい。　**問五**　ア・イは平安時代中期、ウは平安時代末期、エは鎌倉時代末期の人。

通釈　横笛という女がいた（身分の低い女房であった）。滝口の武士であった斎藤時頼は、この横笛を非常に愛していた。父はこれを伝え聞いて、「世の時勢にあって栄えている者の婿にして、宮仕えなども気楽にさせてやろうと思っていると、世間から見捨てられている者を思いそめて心外なことだ」と、ひどく諫めたので、滝口が申したことには、「仙女であった西王母といった人も、昔はいたけれども今はいない。仙術者であった東方朔といった者も、名を聞くだけで目で見たことはない。老人も少年も（どちらが先に死ぬかもわからない）寿命は不定のこの世の中は火打ち石から出る一瞬の火と同じで、はかないものである。かりに、人間は長寿だとしても、七十、八十以上生きることはない。その間で身体が元気なのは、わずかに二十年余りの間である。夢や幻のようなはかないこの世の中で、少しの間でも醜い者と結婚して一緒にいてどうしようというのだ。どうしようもないではないか。好ましい者と結婚しようとすると、父の命令に背くような結果になる。これこそ仏道に入るよいきっかけである。つらいこの世をいとい、真の道(仏道)に入ってしまおう」と言って、十九の年に髻を切って、嵯峨の往生院に入って心を澄まして仏道修行をしていた。横笛はこのことを伝え聞いて、「私を捨てるのはよい(仕方がない)が、出家までもしたとは恨めしいことだ。かりに出家するとしても、どうして『このようなことで出家するのだ』と知らせてくれなかったのだろうか。あの人が気強くつれないとしても、訪ねて行って恨み言を言おう」と思いながら、ある日の夕暮れ頃に都を出て、嵯峨の方へぼんやりとさまよって出かける。

逆向きのこま犬（16・17ページ）

出典…『徒然草』（二三六段）
随筆。吉田兼好著。鎌倉時代末期の成立。全体に、平安時代へのあこがれや無常観が流れている。

解答 問一 ア　問二 ②オ ④ウ ⑤エ　問三 イ

解説 問一　この後の上人のことばに注意する。　問二 ②「無下」は、これより下はないということで、**ひどい・情けない**などと訳す。④「さが」は性。「さがなき」はよい性質がないという意味。⑤「奇怪」は、「さがなき童どもの仕りける」に注目すると容易。　問三　終助詞「**ばや**」は、**未然形に付いて**、話し手自身の**願望を表す**。エ・オは已然形に付いているので不可。ア・ウは未然形に付いているが「ば+や」であって、一語でない。見分け方は、歌全体の解釈をしてみる以外に方法はない。アは「寝たならば満足するときもあろうか」、ウは「あてずっぽうに折ったならば折ることも出来ようか」、エは「紅葉するので、いっそう照り映えるのであろうか」、オは「知らないから、一段と、かがり火の光は騒ぐように輝くのであろうか」、となるので、正解にはならない。難問である。

通釈 丹波の国に出雲という所がある。出雲大社の神霊をお請けしてここに移して、立派に造ってある。志太の某とかいうものの領有している所であるので、(その志太の某が)秋の頃、聖海上人や、その他の人々も、多くの人をさそって、「さあいらっしゃい、出雲大社へお参りに。ぼた餅をご馳走しましょう」といって、一緒に連れて行ったところ、めいめいの人は拝んで、非常に信仰心を起こした。社殿の御前に据えられている獅子や狛犬が、互いに背中を向けあって、後ろ向きに立っていたので、上人は大変尊いことだと感じ入って、「ああすばらしいことだ。この獅子の立ち方はたいそう珍しい。深いわけがあるのだろう」と感激して涙ぐんで、「なんと皆さん、すばらしいことを見てお気づきにならないか。(気づかないとは)なさけないことだ」というので、人々は不審に思って、(獅子を見て)「本当に他のものとは違っていることだ。都へのみやげ話として話そう」などというと、上人はいっそういわれを知りたがって、年をとって貫禄のある、物を心得ていそうな神官を呼んで、「この御社の獅子をお立てになっているご様子は、きっといわれがあることでしょう。ちょっと承りたい」とおっしゃったところ、「そのことでございます。たちの悪い子どもたちがいたしたことで、けしからんことです」と言って、近寄って、普通のとおりに置き直して行ってしまったので、上人の感激の涙もむだになってしまった。

おしゃべりを嫌った父（18・19ページ）

出典…『折たく柴の記』
随筆。新井白石著。徳川家宣・家継を補佐した著者の生い立ちや、幕政についての考えを子孫に書き残そうとしたもの。

解答 問一 ウ　問二 何もしゃべらないのに越したことはないだろう。　問三 人にそむき〜もなかりし　問四 ア　問五 エ

解説 問一　最初にある「いふべき事〜ものいはず」に注意。「必要な事は言う。無駄な事は言わない」これをまとめれば、ウが正答になる。
問二　「しかじ」は、「及ばないだろう・及ぶものはないだろう」。結局は、「しゃべらないのが一番だ」ということだが、あまり意訳すると、本当に解釈が出来ているのかと疑われるから、**直訳に近い意訳**(直訳だが、意味はよく分かる訳)**をするのがもっともよい解答**である。　問三　「さてこそありつれ」は、係り結びをとり除いた表現に直すと、「さてありつ」(そうであった・そのような態度をとっていた)となる。(このように、「係り結び」を普通の表現に直す

と意味が理解しやすくなる)「そのような態度」とは、どんな態度であったのかと尋ねているのである。 問四「これらの事にて、よのつねの事ども、おもひはかるべし」とある。「こういう例によって、父の常の様子を推量することが出来る」という意味である。(常の様子は、冒頭の「多言を嫌う」という部分に示されている) 問五 最後の部分の「父があまりに多言を嫌ったので、聞きたいことも聞かずに終わってしまった事が多かった」という点に注意。

通釈 昔の人は、言うべきことがあると口に出すが、余分なことはむやみにおしゃべりせず、言わなければならないことでも、決して言葉は多すぎず、それでいて、言いたいことの趣旨を十分に言い尽くしていた。私の両親もそういうふうでいらっしゃった。父が、七十五歳におなりになった年に、激しい熱病を患って、死にそうにおなりになったときに、医者が来て独参湯を飲ませなさいと言う事である。ふだん父が人に戒めておっしゃっていたことは、「年の若い人はどのようにするのもよいであろう。(が)年老いた者が、寿命に限りのあることも忘れて、薬を服用したために息苦しい様子で最期を迎えるのは感心しない。よくよく用心して気をつけよ」とおっしゃったので、独参湯をすすめるのはどんなものであろうかと言う人があったけれども、ぜいぜいする息の苦しそうなのが、拝見していても気の毒だと言うので、生姜の汁と一緒に混ぜてすすめたところ、それから急に生き返りなさって、結局その病気も快癒なさったのだった。あとで母が、「どうしてこのたびは家人に背中を向けて寝ていらっしゃるばかりで、また、いつでも黙っておいでになったのですか」とお尋ね申されたところ、「はい、頭痛が殊にひどく、自分は今まで他人につらそうな顔を見せたこともなかったのに、(病気だからといって)いつもと違った様子を見せるようなことは、すべきでありません。また世間の人が熱におかされて、支離滅裂なうわごとを言うのをよく見るにつけても、何もしゃべらないのに越したことはあるまい(しゃべらないのがいちばんよい)と思ったので、そのように(背中を向け、またじっと口をつぐんで)いたのです」とお答えになった。これらのことによって、父のふだんの様子なども推し測ることができるであろう。こんなふうでいらっしゃったために「ああ、ぜひお尋ね申し上げたい」と思うことがあっても、言い出しにくくて、そのまま過ごしているうちに父はお亡くなりになったので、聞き損なったままになってしまったことが格別に多い。

9 逢坂の関のうぐいす (20・21ページ)

出典…『難後拾遺抄』
源経信の著。『後拾遺集』が撰進された後、その内容を批判したもの。

解答 問一 エ 問二 ア 問三 イ 問四 ウ

解説 問一 「人のもたるを」の「もたる」は、「持ちあり」がちぢまって「持たり」となった動詞の連体形で「持っている」と訳す。これに気付けば、アとイの選択肢は不可であることが分かる。次にウとエの主な相違点は「感想を」の有無である。傍線部には、「感想を」などという表現はない。**本文にない表現を必要以上に補った選択肢は正答にならない。** 問二 難問である。しっかり考えてみよう。「それ」は、「をかしうおぼゆる歌」と、「いかがあらんとおぼゆる歌」を書き出だしたものを指している。「さぞ」は、「そうだ」と相手の意見に賛成する場合に言う言葉である。「げに」は「他人の意見に対して、もっともだと賛成する時に使う言葉」である。この場合は「さぞ」と言う人の意見である。以上を図解すると、次のようになる。

それ＝私の書き出した歌＝私の意見。
さぞ＝そうだ　＝私の意見に賛成する。
げに＝もっともだ　＝「私の意見に賛成だ」という相手の意見に、もっともだと賛成する。

これでは、自説に対する賛成者を求めるために、この書物を書いたことになってしまう。ところが、傍線部③以下の「これは心の及ばぬ～腹立ちそしる人もありなん。ゆめゆめ。」という部分を見ると、「自分が面白い、あるいは、どうかなと思って書き出した歌」も自分の意見は見当違いであるかもしれない。(もし、そうなら教えてもらいたい)決して、人の歌を非難するつもりで書いたものではない。――と言っていることが分かる。それで、「さぞ」の解釈がおかしくなるが、全文の表現から推察して、アを正答とする。 問三 「心」は心の働き――この場合は理解力と見るべきだろう。**「これ」が何を指すか?** **普通は上部直近(これより上にあって最も近いもの)を指すという原則**からすれば、「書き付けたこと」である。書き付けたのは私自身であることは明白である。　問四　「あふさかに」は「逢坂に関して」の意味。逢坂に関しては歌の中には何も歌っていない。これでは何にもならない——こんな歌が勅撰集に採録されたのは納得できないというのである。■一般に、マークセンス方式の設問は、傍線部と選択肢を、丹念に引き合わせて、少しでも、傍線部と食い違っている部分があったら、その選択肢は除外していくという——いわゆる「消去法」によって解いていく。選択肢を丁寧に読んで、おかしな選択肢を除外していけば自然に解ける、本文は読まなくても大丈夫だなどという珍解法に惑わされてはならない。そんな解き方は、マークセンス法が始まったばかりの古い時代の解き方である。現在は、出題者は、どの選択肢も正答らしく見えるように苦心しているのである。

通釈　『後拾遺和歌集』といって、近頃世間でもてはやす歌集があるというので、ある人が持っていたのを、仕事の合間合間に人に詠ませて、聞いていましたところ、なかなか面白いと感じられる歌もあり、また、これはどんなものか、と思われるのもあるので、そのような歌を書き抜いておいて、「作者の真意はこういう意味であって、あなたの批判は当たりませんよ」と教えてくれる人があったら、「なるほどそうなのか」と納得しようと思って書き抜き始めたのです。この中には一流の歌人の詠んだ歌でも、書き抜かれた歌の中で、私には納得できない歌もあるので、そんな歌も恐れながら書き抜いたのです。しかし、納得できないのは私の理解力不足によるのかもしれません。作者をも歌の用語をも書きちがえたのもあるかもしれません。ざっとしたことを聞いて（よく考えもしないで）、立腹したり、非難する人もきっとあるでしょう。決して他意はありません。（すべて私の勉強のためなのです）

　正月二日、逢坂の関で鶯の鳴くのを聞いて　　よみ人知らず

　私のふるさとの都へ帰る人がもしいたらことづけよう。今日鶯の声をはじめて聞いたと。

　（歌枕で有名な）逢坂の関で鶯の初音を聞いて、たいそう趣深いと思ったから詠んだのであろうか。それならば逢坂に関わりのある表現があってよいはずだ。逢坂について何も言っていなくては、たいした歌ではない。

10　後三条（22・23ページ）

出典…『愚管抄』（巻四）

鎌倉初期の歴史書。慈円著。神武天皇から順徳天皇に至る歴史を、末法思想と道理の理念とに基づいて述べたもの。承久二年（一二二〇）頃の成立。

解答　問一　エ　問二　イ　問三　ア　問四　夜中に自分を訪ねてきたのが左大臣であったということ。　問五　aイ　bウ
問六　宇治

解説　問一　傍線部①より前に注目する。娘を入内させることは、当時政治の権力を握るのに最も効果的であった。　問二　傍線部②より前に注目する。藤原氏がまた権力を握ることができたのは、東宮の后になることが決まったためである。　問三　傍線部③直後に注目する。「木幡・岡屋までもはるばると見やられてありける」とある。つまり、人が密集して住んでいないため、見晴らしがよかったという事がわかる。　問四　傍線部④より前に注目する。「左府などの来るにや」とある。随身の報告から自身の推測が当たったと思ったのである。　問五　a傍線部aより前に注目する。天皇と会話をしていたことが分かる。　b場面が変わり、宇治殿の屋敷でのやりとりになったことに注目する。この場合、一番身分が高いのは宇治殿である。　問六　左大臣が内裏から出て宇治へ向かう場面と、宇治殿が屋敷で眼を覚まし、左大臣を迎える直前に分けられる。「身も堪へ……ありけるに、」は左大臣が宇治殿のことを思い出しているところである。その直後から宇治殿の屋敷に場面が変わる。

通釈　このことを（天皇は）お聞きあそばして、「そのような娘を持っているならば、すぐに東宮の妃として参上させるのがよい」とおっしゃられたのを、（師実は）承ってお礼を申しあげ、すぐに（天皇の）御前を辞して、世の状況が藤原氏にとって悪くなっていかぬかと心配であったのに、今はしっかりと藤原氏の天下に落ち着いた事を、急いで宇治殿にお聞かせ申しあげようとお思いになって、内裏から夜更けてからそのまま宇治へお入りになったので、「人を走らせて宇治にある牛車の牛を掛け替える所々へ、引き替え用の牛を準備させなさい」といって、宇治へお向かいになった。（師実は父の頼通が）よくこの年まで堪え忍び、壮健でいらっしゃったと思いにふけっておられたところ、宇治の入道殿（＝頼通）は、その時小松殿という所にいらっしゃったが、何ということもなく目を覚まして、「何か胸騒ぎがする」といって、御近くの明かりをともして、「京の方で何事かあるのだろうか」などとおっしゃられたところ、その頃まで宇治の近辺は、人が密集して住んでいる様子でもなくて、木幡や岡屋までもはるばると見通せていたが、家来が参上して、「京の方角から明かりがたくさんに見えます」と申したので、不思議に思われるので「よく見なさい」とおっしゃら

れているうちに、「(明かりが)ますます多くなりまして、宇治の方へやって参ります」と申したので、「左大臣が来るのであろうか。この夜中に不思議なことであるよ」といって、「よく聞け。見なさい」などとおっしゃられるうちに、随身の声がかすかにして来たので、「左大臣殿の随身の声が聞こえます」と申したので、やはり(師実か)と(頼通は)お思いになって、「火を明るくともしなさい」などとご命じになられていた。

11 鳥飼という題の歌 (24・25ページ)

出典…『大和物語』
歌物語。作者未詳。『伊勢物語』の系統を引くが、『今昔物語集』のような説話文学に似た段もある。

解答 問一 イ　問二 姿や容貌も清らかな美しさであったので、
問三 大江の玉淵の娘が、鳥飼院の殿上に。　問四 イ　問五 ウ
問六 ウ　問七 ア

解説 **問一** 「や」は疑問・反語を表し、打消の意味はない。したがって、ウ・エ・オは不可。「よし」は「由」で、「好し」ではない。「由」には**趣・風流・優雅**などの意味がある。　**問二** 「かたち」は多く**容貌**の意味で用いられる。「**清げ**」は**清らかな美**をいう。「ければ」は「過去の助動詞＋確定条件を示す助詞」だから「たので」と訳す。解答の末尾に読点を打つのを忘れないこと。　**問三** 「霞が立ち上る」ように、殿上に上ったというのである。「誰が」はこの歌の作者自身である。　**問四** 「潮垂れ」という語は、涙が塩辛いので、涙を流す意味に用いられる。(なお、「かなしび」は「悲しみ」、「なえばみ」は「萎えばみ」―衣類などがしわになること、「かきならし」は「掻き鳴らし」―琴などを演奏すること、「きえまどひ」は「消え惑ひ」―ひたすら消えようとするという意味である)　**問五** 「ね」が禁止や希望を表すことはない。(「ね」は「あつらえ」を表すことはあるが、他に対する「あつらえ」と自己の「希望」とは別のことである)**「ぬ」と「ね」が紛らわしいのでよく注意する**。この場合は上に係助詞「こそ」がないので、已然形で文が終止することはない。　**問六** 「のたまひあづけ」という表現の「のたまひ」は「言ふ」の尊敬語である。この場合は「おっしゃって預けなさる」ということになる。この問題文で、尊敬表現が使われているのは帝の動作に対してだけである。　**問七** 「かれ」は、昔は**男女の区別なく用いられた**ので、解答は男性とは限らない。また、「このうかれめ」は「大江の玉淵の娘」と同一人物である。

種類	終止形	連体形	已然形	命令形
打消	ず	(ぬ)	(ね)	ざれ
完了	(ぬ)	ぬる	ぬれ	(ね)

通釈 宇多天皇が鳥飼院の離宮においでになった。いつものように管弦の催しが行われた。「この辺りの遊女たちが大勢参上している中に、声がよく、教養のある者はおりますか」とお尋ねなさると、遊女たちが申すには、「大江の玉淵の娘という者が、珍しく参上しております」と申し上げたので、ご覧なさると、姿や容貌も美しかったので、感慨深くご覧になり、殿上にお召しになった。「(玉淵の娘だというが)いったい本当か」などとお尋ねなさるついでに鳥飼という題で皆の人に歌を詠ませなさった。そこでおっしゃるには、「玉淵は、すべてに心得があって、歌なども上手に詠んだ。お前がこの鳥飼という題の歌をうまく詠んだら、それによって玉淵の本当の子と信じよう」とおっしゃった。彼女は承って、すぐに、

あさみどり……＝薄緑色にかすむ、生きがいある春にめぐり合わせたので、私は春霞ではないけれども殿上に上れたことですよ。

と詠んだ時に、天皇は大声でほめたてて感動なさり、涙まで流された。殿上の人々もよく酔いがまわった時で、この上なく酔い泣きした。天皇は御袿一揃えと袴とをお与えになる。「すべての上達部や皇子たち、四位五位のものどもよ、この娘に衣服を脱いで与えないような者は、この場から立ち去ってしまえ」とおっしゃったので、片端から官位の上の者も下の者もみな与えたので、娘は頂ききれなくて、柱の間二間ほどの場所に積んでおくほどだった。こうして天皇は帰りなさるときに、南院の七郎君という人がいて、それがこの遊女の住む近辺に家を作って住んでいるとお聞きになり、その人に世話をするようにおっしゃってお預けなさった。「彼女が申すことは、私の所へ奏上せよ。私のほうから与える物も、この七郎君のもとへ遣わそう(彼女に渡してほしい)。万事、彼女をつらいめにあわせないようにしてくれ」とおっしゃったので、七郎君は常に訪ねて世話をしていたのだった。

12 菊花の約（26・27ページ）

出典…『雨月物語』
江戸中期の読本。上田秋成作。明和五年（一七六八）成立。安永五年（一七七六）刊。中国の小説や日本の古典を翻案・改作した怪異小説九編から成る。

解答 問一 イ 問二 iア ii左門が赤穴の約束を信じていなかったので、自分の姿を見て慌ただしく用意を始めたのだと思うこと。
問三 飽 問四 エ 問五 待ちつる人は来たらず 問六 命令

解説 問一 空欄の直後に注目する。「月日」の枕詞は「あら玉の」である。 問二 傍線部①を含む会話文に注目する。話題が赤穴のことになっている。 問三 赤穴が来ない理由が左門に「飽き」たのではないことを、季節の「秋」と掛詞を使って表現している。 問四 老母の会話文に注目する。赤穴を信じて待つように述べている。二人の友情が変わらないことを、菊の花の色にたとえて述べているのである。 問五 老母の会話文に注目する。今日赤穴が来ないことを怨むべきではないと述べている。 問六 明日まで待つよう告げている。よって命令がふさわしい。

通釈 月日ははやく過ぎていって、低木の茱萸が色づき、垣根の野菊が美しく咲いて、九月になってしまった。九日（の節句）にはいつもより早く起き出して、草ぶきの粗末な家の敷物をきれいに掃いて、黄菊や白菊を二枝三枝小さな花瓶に生けて、財布をはたいて酒や食事の用意をする。老母が言うには、「あの（八雲たつという）出雲の国は、山陰のはるか遠くにあって、ここから百里も離れているということなので、（赤穴様の訪れは）今日であると定めるのは難しいので、その人（赤穴様）の姿を見て（酒や食事の用意を）しても遅くはないでしょう」と。左門が言うには、「赤穴は誠実な武士なので、決して約束をたがえることはないでしょう。その人の姿を見て慌ただしく用意をして、（私が友の約束を信じていなかったと）赤穴が思うとしたら、それは恥ずかしい」と言って、おいしい酒を買い、新鮮な魚を煮て台所に準備する。……（中略）……昼も次第に過ぎていったが、待っていた人はやって来ない。西に沈む太陽に、（旅人が）宿へと急いで歩みを進めるせわしないようすを見るにつけても、（左門は）外の方ばかりを自然に見つめてしまい、心は酔っているようである。
老母が左門をよんで、「人の心とは変わりやすい秋の空のように飽きたというのではなくても、菊の花の色が濃いのは今日だけではありません。帰って来るという信義さえあれば、時節が（秋から初冬の）時雨雲へと過ぎていったとしても（約束どおりの九月九日に帰って来なくても）何を怨むことがあろうか。（もう家に入って床に入り）横にもなって、また、明日を待ちなさい」と言うので、できないとも言いにくいので、母をなだめて先に寝かせて、もしかしたら（赤穴が帰って来たのではないか）と戸の外に出てながめると、天の川の星影が消えそうに、冷たく輝く月は自分だけを照らして、家の軒下にいる犬がほえる声があたり一面にひびき、海辺の波の音も、このあたりまで寄せて来るようである。（夜もふけて）月も（傾いて）光が山の端に入って暗くなるので、もう（休もう）と思って戸を閉めて家に入ろうとするときに、見たのである、ぼんやりとした影の中に人がいて、風に吹かれながらやって来るのを不思議に思って見ると赤穴宗右衛門である。

13 珍しい書物の扱い方（28・29ページ）

出典…『玉勝間』
随筆。著者は本居宣長。古語・歴史・地理の考証や聞き書き、学問についての主張・感想・教訓等がその内容。文章は平明な擬古文だがセンテンスが長いので、文脈を慎重にたどることが肝要。なお、「かつま」とは目の細かい竹篭、「玉」は美称である。

解答 問一 珍しい書物を他人には見せず、ひそかに自分だけ見て自慢しようとすること。 問二 Aウ Bア Cイ 問三 ①イ ②ア ③エ 問四 遠くから借りた書物 問五 ウ 問六 イ・ウ

解説 問一 **字数制限のある設問は、まずは、字数を気にせずに必要なことを全部書いて、それから、あまり重要でない部分を削っていくようにする。**（始めから、字数ばかり気にして、指折り数えて答案を書いている人がいるが、そういう人の答案は、ただ字数が合っているだけで、ポイントを外しているものが多い）■この設問は、三十五字以内という、きわめて余裕のある制限字数なので削る苦労はないが、もし、二十五字以内であったらどうするか？「他人には見せず」という部分は「自分だけ見て」と同じことなのでまずはこれを削る。「ひそかに」も、なくても分かることだから削る。これで十二字減になるので、制限内に納まることになる。（多くの場合は、非常に窮屈な制限字数

である。表現方法を苦心しなければならないということになる） **問二** Aは難問。後回しにする。**設問の順序にこだわっていると、時間がなくなる。**設問の順に答えなくてはならないということは全くない。分からなかったら、飛ばしてドンドン先へ進むこと。先へ行ったら分かる場合も多いのだから……。Bは容易。Cは「さるは」の意味が分かっていないと困難だが、ここには**ウ**も**エ**も入らないから**イ**を入れるしかない。（「さるは」は「それにしても・そのくせ・それだのに・そのうえ」等、実に多彩な訳語がある。実は、この語は、意味がよく分かっていない語で、今までもそれぞれの場合に応じて適当に訳してきたという語である） これで、Aには「ただし」が入ることになる。（「ただし」は［C］の上の「心なし。」という所まで影響を及ぼしているのである。実に長い部分に関わる「ただし」である――こういう風に、センテンスが長々と続く所が『玉勝間』の難しさなのである） **問三** いずれも基本語だから、しっかり覚えておこう。 **問四** 本文の通りに「とほきさかひよりかりたらむふみ」を答えてもよいはずだが、「対象は何か」という設問の表現から考えると、口語で答えるのが適切である。**末尾が名詞の場合は答えに句点を付けなくてもよいが、字数制限がない場合や、字数に余裕がある場合は句点をつけた方が安全であろう。** **問五** この文章では「珍しい書物」の取り扱い方について筆者が述べている。**ア**、**イ**、**エ**、**オ**についてはそれぞれ文章中に書かれているが、**ウ**については書かれていない。紛失したりうち捨てられたりしないように注意すべきだ、と述べている。 **問六** 他の本の筆者をあげておく。**ア**は富士谷成章（助詞・助動詞・接尾語の文法書）、**エ**は著者不詳（『伊勢物語』の注釈書）、**オ**は契沖（『万葉集』の全注釈書）、**カ**は新井白石（自叙伝）。**ア**・**エ**は覚えておく必要はない。■**問六**のような設問の場合は、正答数から誤答数を差し引いて採点するのが通例である。**問五**の場合も、解答が複数になる場合には、同様の採点方法がとられる。

通釈 珍しい書物を手に入れた場合には、相手が親しい場合も親しくない場合も、自分と同じ志で国学の研究をしようとしている人には、互いに気安くその書物を貸したり、見せたり、写させたりして、世の中に広めたいことであるのに、他人には見せないで、自分独りだけ読んで得意になろうとするのは、全く心が卑劣で、学問をする人がしてはならないことだ。ただし、容易に入手できない貴重な書物を、遠い交通の不便な地方の人のところなどへ貸した場合、もしくは、途中でなくしたり、あるいはその貸してあげた人が急死して、ついにその書物が自らの手元に返らなくなるのは本当にいやなことである。だから遠いところから借りた書物は、途中の紛失などないよう注意して取扱い、また人の命は、急死ということも予期できないことだから、自分の死後も、その借りた書物を紛失することなく、確実に返却できるように家人などに言いつけておかなければならない。すべて他人の書物を借りた場合、早く読んで返却しなければならない事であるのに、長い間手元においておくのは思慮のないことである。そういうことは、書物だけに限ったことではない。人に借りた物は、何もかも同じことだが、その中でも、なぜか書物は特に必要がなくなってからも、いいかげんにうち捨てておいて、長期間返却しない人がまことに多いものだよ。

14 権威主義の役人 （30・31ページ）

出典…『国意考』
賀茂真淵著。儒教や仏教の外来思想を排撃し、日本固有の精神にもとづく国学への復帰を説く。

解答 **問一** Aオ Bア Cウ **問二** ①イ ②ウ ⑦エ **問三** ③イ ④ア ⑥ウ ⑧エ ⑨ウ **問四** 訴へ **問五** 万事に応用することが出来る。 **問六** 威

解説 **問一** Aは前に「皆わだかまるものと思ふは、愚なる心なり」とある。「すべてわだかまるということはない」というのだから、「さのみ」（それほど）が適当。Bは「言ひなすことも知らねば、」と上にあるから、「心ならず」（思い通りにゆかないで）が適当。Cは「物書く人」にかかる修飾語としては「かたへに」（かたわらにあって）以外の語句はない。 **問二** 辞書的解釈は、①は屈曲する、②は区別・思慮・事情、⑦は隔てがある・左右に分ける、である。しかし、これでは選択肢の解釈とは違いすぎて判断がつかない。そこで、前後の文脈をたどって、適訳をみつけることが必要になる。ただし、辞書的解釈も無視しないで、応用して答える。なお、「こういう設問は、選択肢を問題文にあてはめてみればよい」などという安易な解決法をいう人があるが、そんな、ナマやさしい方法は通用しない。どの選択肢を持って来ても、一応は意味が通ずるような選択肢ばかりが用意されているのだ。正道にしたがって、丹念

に検討する以外に方法はない。　**問三**　③の「かろしむる」は「軽ろしむ」（軽んずる）の連体形。「動作の主体」とは、「そういう動作をする者」のことである。④の「心ゆく」は納得する。下の者が徹底的に言ってくれなければ、治める者も納得のゆくような政治が出来ない。⑥の「ことわる」は判断する。二行前の「ここに」以下は、「坊をあづかる司」の話になっている点に注意。⑧はだれを召して言わせているのか？（なお、選択肢の「**エ**かたきの人」は、「訴えた人」と「訴えられた人」の両方を含んでいる点に注意。）⑨の「たらはしめて」は「足らさせて」で、満足させてという意味。■この設問の傍線部の単語や前問の選択肢の単語は、すべて重要単語である。この単語の意味が分からなくては答えは出てこない。このような設問を解く機会に、単語力の増強を図ることも重要なことである。**単語は、その単語だけでなく、単語を含む前後の文とともに覚えるようにすると、忘れることが少ない。**　**問四**　代名詞や副詞の指す言葉は、普通は代名詞や副詞の前にあるものだが、例外もある。この場合も、その例外。（試験問題には、よく例外の場合が出題される）　**問五**　**文の形で答える時は、必ず最後に句点を付ける。**また、**特に断りのない限り、句点も字数の内に入れる。**この解答の場合、「応用」という語を使うことがミソである。「通用」では、設問の要求の「意味がよくわかるように」という要求に合わない。　**問六**　「これにても」以下は、全文のまとめである。最初にどう言っていたかに注意すれば容易。

通釈　役人になると、身分が貴いことを示すために、威を示そうとする。威とはたけだけしい権威のことである。武威など示してはいけない。むしろ世にある役人は民衆を親しいものとして、足りないことを教え助けるようにするときは、民衆は皆感動するものである。また役人となったとき、民衆は皆ひねくれている、と思うのは愚かな考えである。民衆は身分が低いといっても人間である。それほどひねくれているものではない。もしかするとその中に、身分が低いというので、政治の道も物事の道理をも知らない人がいるかもしれない。そういう人に対してはよく説明して聞かせなさい。人を納得させてはじめて、ことのけじめもわかるのである。上位のものは下位の人が言葉を言い終わらぬ前に、怒ったりして「下位の者の言い方が無礼だ、高官を軽んじている」などと言って、自分は腹が立つので物事の道筋をそっちのけにして怒っている時は、下位の者もそのまま徹底的に言い続けることもできないので、思い通りいかないで黙ってしまう。だから上位の人も物事の納得がいかないので、いつまでも決着がつかないのである。ここに宿坊を管理する役人があって、その中に長い間、訴訟に関係してきた人がいる。その人が言うには「まず訴えがあったら、よくその事件を聞いて判断するために、その相手の人（訴えた側）をひとまず別にして呼んで、訴えた気持ちを残らず言わせ、かたわらで記録する人にその人が言う通りに書きとめさせ、そうしてその訴えにまだ言い足りないことがあったらそれを教えて、満足するまでのべさせて納得させ、後でもう一人の相手（訴えられた側）も呼び合わせて、両者の言ったことを記録したものを読みあげて、これはここがよい、ここが悪いということをはっきりと説明してしまうと、両者とも何といっても人間らしい心があるので、正しい正しくないということがはっきりと理解できて、自分が悪いことは悪いとわかってあやまった、ということだ。それを役人の権威で物を言うと、いつまでも争いが終わらないものだ」と。本当にそうである。このようなやり方は万事に応用できることである。こういうことから考えても、いたずらに権威を振りかざすのはよくないことがわかる。

15 自分のための住居（すまい）（32・33ページ）

出典…『方丈記』
随筆。鴨長明（かものちょうめい）作。人生の無常と日野山中での閑居の生活を、和漢混交文で記す。鎌倉時代初期の成立。なお、『方丈記』と対比される『徒然草』は鎌倉時代末期の成立である。その間約百二十年の年代差がある。

解答　**問一**　**ア**　**問二**　高貴の方でお亡くなりになった方も数多く耳に入って来る。　**問三**　②**ク**　④**ア**　⑤**ア**　⑦**ア**　⑧**コ**　⑨**カ**　⑩**オ**
問四　仮の庵　**問五**　**ウ**

解説　**問一**　「あらかさまに」は、「ツイちょっと」という意味。
問二　「やむごとなき人」と「かくれ給へる」は同じ人である。つまり「**同格**」である。こういう場合は、「やむごとなき人で、かくれ給へる人」というふうに、「で」と「**上の体言と同じ体言**」（この場合は「人」）を補って解釈する。
問三　前後を解釈してみて、適切な選択肢を選ぶ。傍線部だけ見ていても解答は出てこない。　**問四**　「すみか」も考えられるが、「庵を結ぶ」という言い方があるので「仮の庵」の方が適切である。　**問五**　選択肢の文中に、不適切な字句のあるものを除外していく。**ア**は「固執」、**イ**は「実証する」という不適切な字句がある。不適切な字句のないウが正解となる。

通釈　そもそもこの場所に住み始めたときは、ほんのしばらくの間と思ったけれども、今もう既に五年もたってしまった。仮に結んだつもりの草庵もだんだんなじんだ土地になって、軒には落葉の朽ちたのが深く積もり、土台には苔が生えてきた。たまたま何かのついでに都の様子を聞くと、私がこの山に籠り住むようになってから後、高貴な方でお亡くなりになった方も数多く耳に入ってくる。まして、そういう人の数に入らない身分の低い者たちはどれほど死んでいるか、知り尽くすことはできない。たびたびの火災で焼けてなくなった家は、またどれくらいであろう。ただ自分の仮ごしらえの庵だけはのどかで、心配がない。狭いといっても、夜寝る寝床がある。昼座っている場所がある。自分の身一つで住むには不足はない。やどかりは小さな貝に好んで宿る。これは自分の身の程を知っているからである。みさご(鳶(とび)に似た猛禽(もうきん))は荒波の打ち寄せる海岸にいる。これはすなわち人を恐れるからである。自分もまたそれと同じようである。身の程を知り、世のはかなさを知っているから、世間的な名利を願わないし、そういう願望のために奔走(ほんそう)するということもない。ただ平静であることを望みとし、心配のないことを楽しみとしている。おしなべて世の人が住まいを作るという習俗は、必ずしも自分のために作るというわけではない。あるいは妻子や親族のために作り、あるいは親しみなじんでいる人や友人のために作る。あるいは主君・師匠、および財産や牛馬のためにさえこれを作る。私は今、自分の身のために庵を結んでいる。他人のために作っているわけではない。その理由はどうしてかというと、今の世の常のありさまからいっても、世を捨てた孤独なこの身のありさまからいっても、一緒に隠れ棲(す)もうという人もなく、頼みとするような召使いもいないからである。だから、たとえ家を広く作ったとしても、誰を宿し、誰を住まわせることがあろうか(いや、そんな者はいない)。

そもそも、人の友というのは、富んでいる人を尊び、へつらう者を第一の友としている。必ずしも真情のある人と表裏のない人とを友として愛するというわけではない。(そんなことなら)ただ、楽器や自然の美を友とするに及ぶことはあるまい。(それがいちばんよいことだ。)

16　歌の功徳(くどく)で玉の輿(こし)　(34・35ページ)

出典…『古今著聞集』

説話集。橘成季(なりすえ)編。鎌倉時代中期、『十訓抄』より後『沙石集(しゃせきしゅう)』より前に成立。ココンチョモンジュウと読む。(なお、コキンと読むのは『古今和歌集』・『古今六帖』・『新古今和歌集』などの歌集の名だけで、他はすべてココンと読む)

解答　問一　aイ　bエ　cコ　問二　魅力的になった　問三　②イ　④ア　⑤エ　⑥ウ　⑦ア　問四　かち　問五　年ごろになった娘を何とかして安心できる状態にさせたいと思ったから。　問六　(「)かなはぬ心地に苦しくて(」)　問七　ウ・エ　問八　あらむ(あらん)

解説　問一　aは終止形に直して考えると分かり易い。動詞「なる」ではない。bは神に祈っているのだから、「給へ」と合わせて二重敬語であると考える。(二重敬語は最高敬語とも言い、大体、**神仏・皇室・大臣等に対して用いるが、会話文の場合はさほどの相手でなくても、二重敬語を使っている場合がある**。なお、**「せ給ふ・させ給ふ」**の**「せ・させ」**は**尊敬**の意味である場合が多い)cの**「べし」**は、おおむね**「当然」**の意味に解すれば意味が通ずる。(それで、「べし」を当然の助動詞としている文法書もある。**助動詞の「分類」は、代表的な意味用法によって付けられるので**、これも一理ある考え方と言えよう)　問二　「あいぎやうづく」は、「可愛いらしくなる」と「魅力がある」という解釈があるが、この場合は「十七、八歳」だというのだから、後者を取るべきであろう。　問三　いずれも基本的な重要単語。記憶しておかねばならない。なお、単語の意味としてはどちらも正しく、いずれを選ぶべきかに迷う(例—⑤はアかエかに迷う)場合があるが、前後をよく見て、口語訳をしてみれば、正解に到達出来る。　問四　歩くことを意味する古語。「とほ」とは読まない。また、余談だが東京に「御徒町」—オカチマチという所がある。幕府の御徒士—オカチ徒歩で将軍・大名の行列の先頭に立って警戒した役—の屋敷が多かった土地である。　問五　**「なぜか」という設問だから、解答は「〜から。」とか「〜ので。」という末尾にならなければならない**。(設問の要求に応ずる解答、これが合格の王道である。形式的で面白くないなどと言っていてはならない)　問六　女(＝むすめ)は、到着するやいなや、母の膝を枕に寝てしまった。それをいさめた母の「いかばかり思ひたちて……」という言葉に対し、女(＝むすめ)は「かなはぬ心地に苦しくて」と理由を述べたのである。　問七　「なにと石清水」が「何と言う」と「石(いわ)清水八幡」に掛けている。

「石清水」と「汲みて」が縁語になっている。■このような技巧が巧みに詠み込まれた歌を秀歌としたのが当時の風潮であった。それで、神もこの歌の秀でているのに感じて幸福を授けて下さった—このような神仏の霊験を語る話は当時おおいに流行した。(「霊験談」という) 問八 「〜にやあらむ」は常用の表現なので、「あらむ」を省略するのが、かえって普通になってしまった。なお、「む」は「ん」と書いてもよい。

通釈 そう遠くない昔、生き生きとして美しい女房がいた。世間から落ちぶれて貧しく暮らしていたが、顔かたちが魅力的な娘を持っていた。十七、八歳ほどであったので、この娘をどうにかして安心できるような状態にならせようと思った。かわいさのあまり石清水八幡へ娘とともに泣く泣く参って、夜通しご本尊の御前で「私の身は、今はどうなってもかまいません。この娘を安心できるような状態にしてください」と数珠をすって泣き泣きお願いしたのに、この娘は、到着するやいなや母の膝を枕にして起きあがることもせず寝ていたので、明け方になって母親が申すことには「たいそう固い決心をして、思いにまかせぬのをこらえて、徒歩でお参りにやってきたというのに、このように夜通しの祈願を神様も殊勝だとお思いになるほどにお願いなさるべきなのに、心に掛かることもなさそうに寝ていらっしゃる情けなさよ」とくどいたので、娘が目を覚まして「耐えられないほど苦しくて」と言って、

身のうさを……＝私のこの身の辛さはまことに何と言ったらよいのでしょうか。石清水の神様は私の切ない気持ちは汲み取って知ってくださいましょう。

と詠んだところ、母も気が引けて何も言わずに神前から下がって都へもどっていくと、七条朱雀通りのあたりで、時勢に乗って羽振りをきかせていらっしゃる殿上人で、桂からの遊び帰りの方が、この娘をかすめ取って車に乗せ、そのまま正妻に据えたので、娘はすばらしいありさまになった。こうなったのも八幡大菩薩がこの娘の歌を聞き届けてくださったせいなのだろうか。

17 吉田中納言の出家 (36・37ページ)

出典…『撰集抄』センジュウショウ。鎌倉時代成立の説話集。西行の著とも言われるが疑問。内容は仏教説話が主。

解答 問一 侍り　問二 ②ウ ⑤イ　問三 イ　問四 ア
問五 エ　問六 北の方

解説 問一 「いまそがり」はラ変動詞である。ラ変動詞は限られた数語しかない。覚えておこう。

「あり・をり」と「侍り」に加へ「いまそがり」ラ変と言ひて、終止(形)が「り」なり。

「侍り」は丁寧語(場合によっては謙譲語)だが、いずれも敬語だから、設問の条件に合っている。問二 ②は結びの「給へる」に、⑤は上の「のぼり」が連用形であることに注意する。問三 夫の心が「あらぬ方にうつりつつ」とあるのに注意。問四 「つもり」は江戸時代までは、今のような「考え・意図」というような意味では用いられていない。問五 「とへかしな」で句切れになっている。つまり、ここに句点が入るはずである。解釈もここまでで一応区切らなければならない。また、「言の葉にやかかる」は疑問文である。疑問文としての解釈になっているのはウ・エの二つだけである。(このように、**理詰めで、文法的に正確な解釈を追究して行けば、必ず正答に到達出来る。**いい加減なムード解釈をしていたのでは得点にはならない) 問六 傍線部の使者の言葉で尊敬表現に注目すれば「北の方」が正答になる。

通釈 そう遠くない昔、筑紫の横川というところに、範円上人という人がいらっしゃった。知恵と徳行が同じ程に備わって、すべての生き物の類をいとおしみなさる態度はまことに丁重であった。観世音菩薩を信仰の中心の仏として、いつも大悲の法文を心にかけておられた。まだ、この上人が、髪を剃り落として仏門にお入りにならなかった時は、吉田の中納言経光と申し上げた方である。

帥になって、筑紫へ下られたとき、都から、深く思いをかけていらっしゃった妻をさそっていらっしゃったが、どうであったのだろうか、ほかの女性に経光中納言の心が移って、はなやかな都人(であったもとの妻)は、古めかしくなって、薄い袂に風が吹くように中納言は妻に飽き(愛情がさめて)、安否さえもお問いにならないので、つらいと思う悩みが晴れることもない。そんなことが積もり重なったからであろうか、この奥方は重病になって、都へ上る手づるもなく、病も重くなった様子であった。何とかして都に上ってしまおうと思ったけれども、心にかなう召使いもおらず、海を渡り山を越える方法も思い浮かばなかったので、夫の帥のところへこのように詠んでやった。

とへかしな……＝私を訪ねて下さい。(あなたに捨てられ)置き所のない露のような

はかないこの身は、少しの間でもあなたの言葉で命がとりとめられるかと思いますので。

と詠んでおくった歌を中納言が見ると、いまさらのように妻への愛情がわが身から離れていなかったのだという気持ちにおなりになって、いとおしくお感じになったが、使いの急な連絡が重なって入り、「奥方様はもうお亡くなりになってしまいました」と言うので、夢の中で夢を見るような(現実とも思われない)気持ちがして、中納言は正気を失ったまま、自分の手でもとどりを切り、横川というところにいらっしゃって、心静かに修行していらっしゃったという話である。

18 衣の裾 (38・39ページ)

出典…『源氏物語』(東屋)

解答 問一 イ 問二 宮(匂宮)が「あなたは誰ですか。名前を知りたい」とおっしゃるので、女は恐ろしくなった。 問三 申し上げたが・ウ 問四 助動詞 問五 ウ 問六 ア

解説 問一 傍線部①の直前に注目する。会話文の前に「宮とは思ひもかけず」とある。ここでアの宮ではないことがわかる。また、傍線部①よりあとに乳母が出てくるため、ウでもないことがわかる。 問二 「ゆかし」とは「知りたい」という意味、「むくつけなり」とは「恐ろしい」という意味である。会話文の主語、恐ろしくなった人を明確にすること。 問三 「聞こゆ」とは「申し上げる」という意味。傍線部③の直前の会話文は、乳母が言ったことである。 問四 「にやあらむ」は慣用的な表現で、品詞に分解すると「に／や／あら／む」となる。「に…あり」の形で、断定の助動詞「なり」の連用形であるとわかる。 問五 宮は乳母にとがめられても、「誰と聞かざらむほどは、ゆるさじ」と言って女を口説きつづけたのである。 問六 残りは全て平安時代初期・中期に成立し、源氏物語より先にできている。

通釈 (匂宮は)「新参の女房で身分もそれほど低い者ではないのだろう」とお思いになって、この廂に通じる障子を、たいそう静かに押し開けなさって、そろそろと歩み寄って行かれたのも、(中にいる)人にはわからない。こちらの廊にある中庭の植え込みが、とても風情があって様々な色の秋草が咲き乱れているところに、遣水のあたりに石を高くしてあるあたりが、たいそう趣があるので、(女は)端近くにいて(脇息)に寄りかかってぼんやりと眺めているのであった。あいていた障子をもう少し押し開けて、屏風の端からのぞいてご覧になったところ、(女は、この人が)匂宮であるとは思いもよらず、「いつもこちらに来慣れている女房であろうか」と思って、(脇息から)起き上がった姿が、たいそう美しく見えるので、いつもの(匂宮の好色の)お心は(その女性を)見過ごしてしまわれることなく、(女の)着物の裾をおとらえになって、こちらの障子はお閉めになって、屏風の間にお座りになった。(女が)「何か変だ」と思って、扇で(顔を)隠して振り返って(匂宮を)見る姿は、たいそう美しい。(匂宮は)扇を持たせたまま(女の手を)お取りになって、「あなたは誰ですか。名前を知りたい」とおっしゃるので、(女は)恐ろしくなった。その(屏風などの)ようなものの側に(座って)、顔をよその方に向けて(女に見られないように)隠して、たいそう用心深くなさって自分が誰であるか知られないようにしていらっしゃるので、(女は)「この方が、(以前から)並々でなく私に思いをかけて来られるという(薫)大将でしょうか。よい香りの様子です」などということも思いやられて、とても恥ずかしく、どうしていいかわからない。乳母は、人の気配がいつもと違っているので、「変だ」と思って、向こう側にある屏風を押し開けてやって来た。「これは一体どういったことでございますか。けしからぬ行いでございます」などと(乳母は)申し上げるけれども、(匂宮が)遠慮なさるはずのことでもない。このように深い考えのない行いであるが、言葉巧みにおっしゃる御性分なので、あれこれとおっしゃるうちに、日がすっかり暮れてしまったけれど、(匂宮は)「誰(であるか)と名前を聞かないうちは、放さないつもりです」とおっしゃって、無遠慮に横になられたので、「(この方は)匂宮なのですね」と想いが至ったので、乳母は、何とも言いようがなくて途方にくれている。

19 千五百番歌合秘話 (40・41ページ)

出典…『増鏡』

歴史物語。作者未詳。後鳥羽院誕生から後醍醐天皇の京都還幸まで約百五十年間の鎌倉時代の宮廷生活を中心とした歴史を老尼が語るという形式で記す。文体は『源氏物語』に模した流麗な擬古文。

解答 問一 上に立つ院が歌道に熟達しておられるので、お仕えしている者たちも自然と時代の流れ(歌道愛好の時流)に従うというのが世の習いなのか。 問二 ②イ ③エ 問三 ウ 問四 イ 問五 ウ

解説 問一 この後の「この御世にあたりて、よき歌よみ多く聞こえ侍り

し中に」がヒント。なお、問題文の後の注もよいヒントになる。**（注は設問を解くために有用なものと全く無用なものがある。**俊房の左の大臣の注などは無用な注である。その辺をよく見分けないと時間のロスになる）　**問二**「許り」はラ行上二段「許る」の連用形。許される・認められるという意味。「**あたらし**」は、**惜しい**。**（口語の「新しい」は文語では「あらたなり」という）**
問三「濃き薄き色にて」は「濃い、または、薄い草の色によって」。歌の「見ゆる」は、波線部では「おしはかりたる」となっているが、同じことである。結局「濃い、または薄い草の色によって、何がおしはかれるのか？」という設問になる。■当然のことだが、**設問で何を尋ねているのか？　これを正確に把握することが、正解への第一歩である。**設問を読むことをおろそかにするのは、もっとも愚かなことである。　**問四**「**ましかば～まし**」という、**反実仮想**の典型的な表現である。実際は「若くて失せにし」だが、仮に、もし生きていたら、『**古今和歌集**』の序に「力をも入れずして天地を動かし、目に見えぬ鬼神をもあはれと思はせ」とあるような、すばらしい歌を作ったであろうに……と仮想している表現である。■「まし」という助動詞は、反実仮想の助動詞だということは、文法書には必ず書いてはある。しかし、実際にそれがどういうことなのか？　どう訳せばよいのか？　この辺のことは、種々の古文にあたって十分に訳し方に熟達しておく必要がある。単に反実仮想という言葉を知っていても何の役にも立たないのである。なお、「まし」はしばしば助動詞「む」の代用にされる。しかし、**「まし」を使った場合**は、おおむね**反実的―実現不可能なことを表現している**。こんなことは、あるいは文法書には書いていないかも知れないが、親切な古語辞典には文法書以上の解説が書いてある。古語辞典を活用しよう。　**問五**　問題文に書いていないことが書かれてある選択肢は除外していく。**ア**の「経験が浅いわりには上出来」、**イ**の「助言してもらった」、**エ**の「どれもこれも平凡」、**オ**の「あとは平凡」は問題文には書かれていないことである。

通釈　上に立つお方が歌道に達しておられるので、臣下の者たちも自然と時代の流れ（歌道愛好の時流）を知るという世の習いなのか、男でも女でも、この御治世に当たって立派な歌人が多く評判になっておりました中で、宮内卿の君と言った人は、村上天皇のご子孫に源俊房の左大臣と申し上げた方がいらっしゃったが、その人のご子孫だから、以前は尊い身分の人であるが、（この頃は）官職が代々低く、四位ぐらいで死去してしまった人（源師光）の子である。（その宮内卿が）まだ、たいそう若い年齢で、格別に限りもなく深い心持ちを詠んだのは、全くめったに見られないことであった。この千五百番歌合のとき、後鳥羽上皇が宮内卿におっしゃるには「このたび詠み手に選ばれたのは、皆世間から和歌の名手と認められている、歌道に老練な者どもである。宮内卿（お前）はその列に加えるにはまだ早いかもしれないが、歌才からいうとその中に加えてもおかしくないと見えるようだから、詠み手に加えたのである。きっと私の面目が立つほど、よい歌を詠むようにせよ」と仰せられると、顔を赤らめて感激して涙ぐんで控えていた様子は、限りなく歌道に執着している心の程がありありとみえて、心にしみいるような感じであった。さてその歌合に献詠した彼の御百首の歌は、どれもそれぞれ優れている中で、

薄く濃き……＝野辺の若草のみどりが濃淡さまざまに見えて、去年の雪が、ある所は早く、ある所は遅く、まだらに消えて行った跡まではっきりわかることよ。

草の緑の濃い色、薄い色によって、去年の残雪が、あるいは遅く、あるいは早く消え去った状態を推測した風情などは、未熟な人々にはとても思いつきにくいことでありましょうよ。この人（宮内卿）が年老いるまで、もし生きていたら、本当にどれほど目に見えぬ鬼神をも感動させるほどの名歌を詠んだであろうに、若くて死んでしまったことは、本当に気の毒であり、惜しまれることである。

20　紅葉狩り（42・43ページ）

出典…『しのびね』
平安時代末期に成立し、その後散逸した王朝物語。もしくは南北朝時代に成立した前者の改作本をいう。「しのびね」は悲恋に「しのび泣く」姫君を表すとされている。

解答　**問一**　i聞き（動詞）／や（係助詞）／し（動詞）／たまひ（補助動詞）／ぬ（助動詞・完了・終止形）／らむ（助動詞・推量・連体形）　iiお聞きつけになったのでしょうか　**問二**　イ　**問三**　ウ　**問四**　イ
問五　aア　bウ　cエ

解説　**問一**　係助詞「や」は疑問と反語の意味があるが、文脈によって判断する。　**問二**「いかで」はこの場合反語で訳す。「なさけなし」とは「人情味に欠ける」という意味である。　**問三**「おぼめく」は「はっきりしな

い」という意味。　問四　二句「色とや思ふ」で切れている。また二句の「や」が反語の意味を添えている。　問五　a尼君に話しているのでア。b丁寧な言いまわしをすることによって、話し相手である若人に敬意を払っている。よってウ。c奥へ行きたがっているのは少将である。よってエ。

通釈　尼君に、これこれのことですがとお話し申しあげる。「よい香りがしたのも、この方でいらっしゃったのかしら。このあたりを散策なさっていたのでしょう。(私たちの)気を許してくつろいでいる様子をお聞きつけになったのでしょうか」と(侍女たちは)ひそひそ話す。「どうして冷たくお帰し申しあげましょうか」と言って、あたりを掃き清め、お敷物を差し出した。「雨の露もしのげない粗末な家ですが、旅先ではそんなものだとお考えになってご容赦ください」と言って、たいそう物慣れた若い侍女が出てきた。(少将は)なにはともあれ嬉しく、縁先の方でぼんやり物を見つめていらっしゃる様子が、光り輝くばかりで、目もくらむほど、はっとするような美しさである。(侍女は少将に)これまで一度もお目にかかったことはないのだが、(少将は)親しげにお話しになる。「あてもなくさまよっておりましたのに、嬉しい旅寝をすることになりましたよ。どうせなら(奥の部屋まで)案内していただけませんか」と言って、少し微笑まれると、「これより奥にはおいでになるべきところもございませんのに」とはぐらかすので、「いきなり私の思いを申し上げるのは、浅はかなようだけれども、(私と姫君との縁は)前世からのものなのでしょうか、(姫君への思いのせいで)もうこの世にたちまじっていけそうにも思えませんのに」と言って、

　あなたは普通の紅葉の色だと思うのですか。ひっきりなしに流れる袖の涙で色濃く染まる、この紅葉の色を。

と言って、散り落ちる紅葉を手でもてあそびなさると、(侍女は)ただこのように、

　ただでさえ晴れ間の少ない(この)山里に、(あなたは)どうして袖の時雨まで添えようというのでしょう。

あなたのお心がなごむような紅葉の色など(ここには)ございませんのに」と普通の紅葉のこととして言い紛らすけれども、(少将は)「つれないおっしゃりようですね。いい加減な気持ちではお伺いいたしません。これも宿縁なのかとお考えくださいな。取るに足りない我が身なので(つれない扱いを受けるのも)もっともなことですが」と、真剣に長い年月思い続けていたかのようにおっしゃる。

21　琴の名手仲忠(なかただ)　(44・45ページ)

出典…『宇津保物語』
作者は源順(みなもとのしたごう)と言われるが疑わしい。音楽の天才仲忠(なかただ)を中心とした伝奇物語。『竹取物語』と『源氏物語』成立の間のころ書かれたらしい。波斯(はし)国から琴の秘曲を伝えた俊蔭(としかげ)は娘をもうける。娘は太政大臣の孫に当たる仲忠を生む。母子は北山の空洞(うつぼ)に住み、琴を習う……というのがその発端である。

解答　問一　(あ)きっと、私が面目をほどこすようなすばらしいことをしてくれるはずの子である。　(い)格別のこともございませんでしょう。
問二　aとうぐう　bあそん　問三　①イ　④ウ　問四　エ
問五　ア　問六　ア　問七　イ

解説　問一　「おもて起し」は、面目をほどこす―名誉になる―この反対語は「おもて伏せ」。「つべき」については、品詞分解してみる。

つ	べき
確述・強意の助動詞「つ」	当然の助動詞「べし」の連体形
キット	～スルハズノ

やっかいでも、これくらいの**慎重なやり方でないと正確な解釈は出来ない**。
「侍らざるべし」についても同様である。「侍ら」は、誰かにお仕えしているというのでないから丁寧語で、「ございます」と訳す。(誰かにお仕えしているという場合は謙譲語で、「お側にお仕えする」と訳す)

ざる	べし
打消の助動詞「ず」の連体形	推量の助動詞「べし」の終止形
ナイデ	ショウ

■推量の助動詞と言われる「べし」は、複雑な意味を持っている。文法書によって言い方は多少違うが、次のように覚えておくとよい。

べし　推(すい)・適(てき)・当(とう)・可(か)・決(けつ)・命(めい)

推—推量・適—適当・当—当然・可—可能・決—決意・命—命令ということである。(なお、それぞれの口語訳の仕方も確認しておこう)

問二　よみがなは、特に要求されていない場合は「現代かな遣い」で記すこと。(歴史的かな遣いと混用しないように注意)なお、歴史的かな遣いを要求するのは一部の大学のみである。あまりこだわらなくてもよい。　**問三**　①の「申す」は謙譲語だから、動作主を低めて、動作の受け手を高める。申したのは誰だかはっきりしないが、申した相手(動作の受け手)はこの「　　」内の部分の会話の話し手—つまり「大将」である。大将に対して謙譲する—へりくだるはずの人は、**イ**か**ウ**である。いずれが正答かは前後の表現から判断出来よう。④の「仕うまつる」も謙譲語である。「仕える」というのは、前に「一手、二手」、五行前には「弾きければ」などとあるから、「楽器の演奏をして差し上げる」ということだと推察出来る。また、「べし」や「む」という推量の表現に注意すれば、これは大将自身の動作ではないことが分かる。なお、問七の人物関係図の設問は、問三と深い関係がある。あるいは、問七を先に解答した方がよいかもしれない。　**問四**　「こめ」は「閉じ込め」である。これに近い語は「隠す」である。　**問五**　「弾きければ」とあるから、**ア**以外の答は考えられない。わずかの表現も見落とさない、慎重な読みが必要である。　**問六**　全体に、上と大将の問答であること、質問者は上であることに注意すれば容易。

問七　大将が「(仲忠は)故治部卿俊蔭が女の腹に侍り」と答えている部分に注意すれば容易に解けよう。なお、選択肢のように、系図を書いてみると、人物関係がはっきりして、誤読が防げる。問題文を読みながら、系図化して行くと、効果的である。

通釈　十六歳の二月に元服をおさせになって、名を仲忠とおつけになる。上達部のお子なので、すぐに五位を賜り殿上人にさせなさる。帝も皇太子もお召し出しになっておそばをお離しにならず、おかわいがりになる。帝は、大将(仲忠の父)に「どこにいた人を、こうも突然に、優れて品位あるありさまで見出されたのか」とご質問なさると、(大将は)「長年の間おりまする所も存じませんでしたが、先年見つけ出しました。『少し様子を見てから人との付き合いをさせましょう』と(この子の母親が)申しますので、『それももっともなことだ』と私も申しまして、うちに閉じ込めておりました」と奏上なさる。「誰の腹から生まれたのだ」と帝がお尋ねになるので、「故治部卿俊蔭の娘の腹に生まれました」と奏上なさると、帝は、お驚きになられて、「おお、それは、(俊蔭から)三代目の仲忠に琴の奏法を伝えているだろうな。あの朝臣(俊蔭)は中国から帰ってきて後、嵯峨の院の御世に、『その奏法を少々伝授せよ』と仰せられると、『ただ今大臣の位を賜ったとてお伝え申せません』と奏上し終えて、退出してから、参上せず、中納言になるはずだった身を(自分から)沈めてしまった者なのだ。とはいうものの、すばらしく芸に通じた人物である。ただ一人の娘があったという。その娘に七歳のときから(琴を)習わせたところ、父親よりひどく優れた弾き方をしたので、父親は、『この子は、きっと私が面目をほどこすようなすばらしいことをしてくれるはずの子である。この子の演奏法から誰も皆習い取れ』と言ったということを聞いていたので、俊蔭の存命中に手紙をやったり、亡くなった後は、尋ね探させたけれど、亡くなったと聞いたが、実はその場所に隠されていたのであったのか。たいそうおもしろいことだ。その腕前は、三代目は(二代目である娘より)いっそう優れているであろう」と仰せになると、大将は、「そうでございましょうが、格別のこともございませんでしょう。まあ、代々伝えてきたのですから、秘曲の一つや二つは弾くことでございましょう」と奏上なさる。

22 藤原道長の横暴 (46・47ページ)

出典…『大鏡』

歴史物語。作者未詳。藤原道長の栄華を中心に、二人の翁が自身の見聞を語るという形式で書かれている。

解答　**問一** ア　**問二** エ　**問三** ウ　**問四** イ　**問五** ウ
問六 イ

解説　**問一**　「たまへ」は已然形である。■**完了の助動詞「り」**は四段の已然形、サ変の未然形に付く。この接続を「**サ未四已**」—**サミシイ**と覚えておこう。　**問二**　「な□そ」となっているから、「な～そ」で禁止を表す。空欄の部分には動詞の連用形(カ変・サ変の場合は未然形)が入るから、選択肢の語はいずれも入ることができる。したがって前後の文脈をたどる以外に正解を求める方法はない。この場合、何を禁止しようとしているのか？　御車副が車を平張の近くにやった(進ませた)ことを道長が禁止しようとしているのである。すると、み(見る)・へ(経)・こ(来)では意味が通じないということが分かる。　**問三**　「河原に……出でさせたまへり」の主語と、「逍遙したまふ」の主語は同じである。■『大鏡』の場合は、身分のあまり高くない老人が自分の見聞を語るという形式で書かれている。したがって、全文が「会話文」である。会話文の場合は、相手がさほどの身分の者でなくても、敬語を乱発する傾向がある。これは、現代の会話文でも同様である。こんなことも、一応頭の片隅に置いて読むことが必要だろう。　**問四**「不運におはする」理由は「かく窮したまへれば」である。何で窮しているのか、はっきりしないが、それはさておいて、「かく」という副詞が、どういうことを指しているか？を考えてみよう。平張の近くへ車を進めた車副に向かって、「かくなせそ」と禁止したことを指すとしか考えられない。それは「遠慮した行動」である。こう考えていけば、「窮す」の内容が不明でも解答出来る。不明のことは、不明のまま棚上げしておいて、他の方面から考えて行く――これも、一つの解答法である。**不明のことにいつまでもこだわっていては、解答は出て来ない。**(なお、「窮し」は「きこし」の誤りであるとしているテキストもある)　**問五**　末尾近くの「その御車副をば、いみじうらうたくせさせたまひ」に注意。車副を道長が可愛がったのはなぜか？　道長は、この車副のやったこと――伊周の平張の近くを進んだことを、表面ではとがめながら、内心では自分の思う通りにやってくれたと喜んでいたのである。それで、車副を可愛がったのである。結局、後段の話も、道長と伊周のいざこざである。　**問六**「三月巳の日の祓え」の前後で時間(場面)が明らかに異なっている点を読み取る。

通釈　また、故女院の石山参詣の折に、入道殿は御馬で、帥殿は車でお供をなさいましたが、帥殿が途中でさしつかえることが起こって、粟田口からお引き返しになるというので、女院の御車のもとに参られて、事情を申し上げてお許しを願い申しなさる時に、女院の御車も止めていましたので、帥殿が女院の御車の轅(牛車の、牛を入れる長い柄)をおさえてお立ちなさっているところに、入道殿が、御馬を引き返していらっしゃって、帥殿の御襟首のあたりに、たいそう近く、馬に乗ったまま体を近づけなさって、「早くお供を申し上げよ。日が暮れてしまうから」とおっしゃったので、帥殿はけしからんとお思いになって、ふり返っていらっしゃるが、入道殿は驚いたご様子もなく、急にも、そこをお退きにならず、「日が暮れてしまう。早く早く」と催促なさるのを、帥殿はたいそう心外な事とお思いになりましたが、どうなさろうかと思われても他に仕方がなくて、しぶしぶその場をお立ち退きになられてしまいました。後でこの事を父の大臣(当時は関白であったが、以前は内大臣であった)にも申し上げなさったところ、「大臣(伊周は当時すでに内大臣であった。なお、道長は、より下位の大納言であった)を軽んずる人は、この先よかろうはずがない」とおっしゃったということです。三月の巳の日(＝上巳)の御祓い(河原で禊を行い、穢れをはらう行事)の時に、すぐにそこで河原遊びをなさるといって、帥殿は、河原に、しかるべき人々をたくさん連れてお出ましになりました。平張をたくさん張り渡してある帥殿の御座所へ、入道殿も(御祓いのために)おいでになっていました。入道殿の御車副の者が、御車を平張のすぐ近くに進ませたので、入道殿が「これは失礼なことだ。そんなことをしてはいけない。もっと離れて通せ」とおっしゃったのを、なんとか丸といった、御車副が、「何ということをおっしゃる殿様なのでしょう。これくらいのことに困って遠慮したことをおっしゃっておられるから、この殿様は不運でいらっしゃるのだよ。こんな殿にお仕えするおれは災難だ」と言って、ひどく御車の牛を打って、さらにもう少し平張の側近くへ、御車を寄せて進め申し上げたのでした。入道殿はあとで「てひどくも、あの男に悪口を言われたものだ」とおっしゃったそうです。そういうことがあって、その後入道殿はその御車副を、たいそうかわいがりなさり、目をおかけになったのですよ。(入道殿が内心思っていた通りのやり方で帥殿に無礼なことをしたのに満足したためである)こんなわけで、帥殿と入道殿の御仲は、たいそう悪かったのです。

23 権大納言の北の方　(48・49ページ)

出典…『とりかへばや物語』

平安後期の物語。作者不詳。本文中の、若君は女性的、姫君は男性的な性格であったので、父の権大納言はこの二人を「とりかへばや」と言って女君を若君、男君を姫君として育てるが、後に再会した二人は本来の男女に復し、宮仕えして出世し、繁栄するに至るという奇妙な内容。

解答　問一　ア　問二　ア　問三　イ　問四　ウ　問五　ウ　＝

解説　**問一**「ものす」という動詞は、「**何かの状態である**」とか「**何かの動作をする**」という意味で、**英語の[do]に近い語**である。この設問は、結局「どういう状態であるか」または「どういう動作をするのか」をたずねているにすぎない。問題文中の「ものす」はすべて、「居る」という動詞に置き換えられる。選択肢のそれぞれの「ものす」は次の動詞に置き換えられる。ア―居る　イ―する　ウ―持つ　エ―言う　オ―差し上げる　**問二**「見そむ」は、はじめて結婚するという意味。　**問三**　傍線部②を含むセンテンス（二行前の「上たちの御有様」から始まっている）を分析してみると、つぎのようになる。

> 上たちⓐ
> ［の御有様……おぼしたりしかど（ケレド）］
> ［今は君たち……生ひ出給ふに（ノデ）］
> ⓑいづれの御方をも

［　］内をとばして読めば、ⓐからⓑへ続いている。つまり

> いづれの御方＝上たち＝北の方たち

ということになる。

問四　「**おはしつく**」という複合動詞の、「**おはし」は尊敬の補助動詞と同じ**で、結局「**つき給ふ」と同じ意味**になる。（「おぼしかしづく」も同様で、「かしづき給ふ」と同じである）「に」は完了の助動詞「ぬ」の連用形である。この二点から考えると、**ウ**がもっとも適切な解釈であることが分かる。（「つく」には、住む・離れる等の意味はない。　**問五**　「不用」と漢字で書かれているが、「用がない」という意味のほかに、「無益」「不都合」「乱暴」などという意味もある。漢字は当て字にすぎない場合があるから、漢字の意味だけにとらわれないようにしよう。

■珍しい出典であるが、古文の教養がしっかり身についていれば別に驚くような問題文ではない。**どのような出典であるか？**　ということは、**あまり問題にしない方が賢明**である。そんなことにとらわれているより、古文の基礎知識をしっかり身に付けることが肝心である。なお、一夫多妻というのが普通であった平安時代の習慣を知らなければ、たしかに困難な問題であろう。そういった**各時代の風俗・習慣などの知識も一応は心得ておくことも肝要**である。（こんな文章を見て、「これは差別だ」などと言ってはいけない。これは、古い昔の物語であって、そんなことに、いちいち目くじらを立てるようなことをしていたのでは古典の学習は出来ないのである）

通釈　いつの頃であったか、権大納言で大将を兼ねていらっしゃる方が、ご容貌、身に備わった学才、心がけをはじめとして、品格や世間の評判もなみひととおりでなく優れていらっしゃったので、どんな事についても不満な事のあるようなお身の上ではないのに、人に知れないお心のうちの悩みは、まったく尽きることがないのであった。

（権大納言には）北の方がお二人いらっしゃる。一人は、源宰相と申し上げた人の御息女でいらっしゃる。（権大納言の）ご寵愛は他よりまさってはいないのだか、他の奥方より先にはじめてご結婚なさった方なので、なおざりでなくお思い申し上げなさるうちに、さらに、この世にまたとない、玉のように美しく光る男君までもがお生まれになったので、この奥方をまたとない、離れがたい方とお思い申し上げなさった。もう一人の北の方は、藤中納言と申し上げた人の御息女でいらっしゃる。その方のお腹にも姫君でたいそうかわいらしい方がお生まれになったので、それぞれにかわいらしく、（権大納言は）思う存分に大切にお育てなさることはこの上もない。奥方たちのご容姿やご身分などが、どちらもそれほどすぐれていらっしゃらないのを、（権大納言は）思いどおりにならず残念なこととお思いであったが、今ではお子様たちがそれぞれかわいらしく成長なさるので、どちらの奥方をも見捨てにくい方とお思い申し上げて、今はそれなりに落ち着かれていらっしゃるようだ。

お子様たちのご容貌が、どちらも優れていらっしゃる様子は、まったく同じもののように見えて（のみは強意）、取り違えてしまいそうでいらっしゃるので、同じ所で同居していたら不都合であっただろうに、（幸い）別々の場所で成長なさったのは、本当によいことであった。ほとんど同じもののように見えるご容貌が、若君は、上品で匂うような気品があり、みずみずしい美しさも加わってお見えであり、姫君は、はなやかで誇らしげなご様子で、いくら見ても見飽きる時がなく、あたりにこぼれ散るような愛らしさは、幼い今からくらべものもないほどのご様子でいらっしゃる。

24　一条天皇の中宮　（50・51ページ）

出典…『無名草子』
藤原俊成の女の作という説が有力。平安時代の物語・歌集・作家などの批評が中心で、一種の文学評論である。なお、似た名称の『無名抄』は、鴨長明の書いた歌論書である。混同しないように注意。

解答　**問一　イ　問二　ウ　問三　ア　問四　エ　問五　イ　二**

解説　**問一　「掛詞」は上からのつながりと、下へのつながりに注意すれ**

ば見つけやすい。

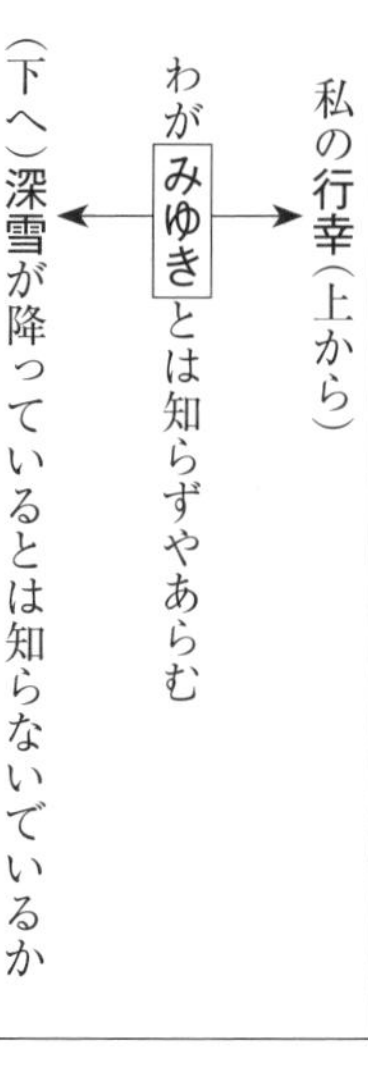

私の行幸(上から)
わが みゆき とは知らずやあらむ
(下へ)深雪が降っているとは知らないでいるか

「行幸」も「深雪」も名詞である。　**問二**　上に「こそ」とあるのに注意。当然、□は已然形でなければならない。選択肢中で、已然形でない「むや」は適当でない。あとは意味から考える。「庭草が茂ったままに放置されているのを、切り払わせてはいかがか」と勧めているのだから、「勧誘・適当」の意味の助動詞がほしいところ。そうすると、「む」の已然形である「め」が適当となる。(なお、「ね」は打消の助動詞「ず」の、「じ」は打消推量の助動詞「じ」の已然形である)　**問三**　「あさまし」は意外なことで驚くという意味だから、**エ**は不可。これは、「かすかに心ぼそくておはしましけるに……あざやかにてさぶらひける」のを見て、「今は……をかしきこともあらじ」と思っていた自分を反省した言葉である。したがって、**ア**以外の答えは考えられない。■**このような心理探究の設問は、前後の経過を、じっくりと整理し、重要部分をピックアップして、心理の変化を明らかにせねば答えられない。**アテズッポウの解答は、くじ引き・宝くじと同じで、当たる確率はきわめて低い。

問四　「おぼえさせたまへ」が誤解しやすい表現である。上に「こそ」がある場合は、「こそ」がなかったらどうなるか？　と考えて、係り結びでない表現に改めるとよい。(この場合は「おぼえさせたまふ」となる)「させ・たまふ」の「させ」は、尊敬か、使役か？　この場合、「おぼゆ」は感ずるという意味で、「おぼゆ」の主語は作者と見たらよいだろう。すると、「させ」は使役となり、解釈は「感じさせなさる」となる。つぎに、「露おかせて御覧ぜむ」は、中宮定子(ていし)の発言である。「中宮定子が『露おかせて御覧ぜむ』とおっしゃるので、庭草を刈り払わせないである」と宰相の君という女房が答えたとかいう話を聞くにつけても、亡くなったあとまで「いみじく」と感じさせなさる中宮様だよ。——という気持ちなのである。(なお、「露おかせて御覧ぜむ」は中宮の発言なので**自尊敬語**が使われている。**こういう場合は敬語を省いてしまう。**つまり「露おかせて見む」とすると、理解しやすい)　■**「自尊敬語」**は**「自敬表現」**ともいう。高貴な身分の人が、自分自身の動作に尊敬語を付けて言う表現である。『露おかせて御覧ぜむ』を直訳すると、中宮が、『私が露を置かせて御覧になろう』となる。これでは具合が悪いから、敬語を除去して『私が露を置かせて、見よう』とすると、自然な表現になる。(こんな余分な敬語をなぜ付けたか？　この文章を書いたと言われる俊成の女が、中宮のお言葉に何の敬語も付けないで書くのは不敬だと意識したためであろう——とするのが妥当な見解と思われる)さて、どのように感じさせるのか？　これが設問の尋ねていることである。ところが、本文には「いみじく」—非常にとだけあって、非常にどうなのか？　という肝心な内容が述べられていない。このような述べ方は、古文ではしょっちゅう出て来る。こういう場合は、その隠された内容を推察することが必要である。　**問五**　単に「やさし」という単語の解釈ならば、選択肢のいずれも正答になる。しかし、設問で要求しているように、「文脈上最も適切」なものを選ばせるのが問題の趣旨である。「あまたの帝におくれ……そのたびにいとあはれなる御歌どもよませたまひたる」ことを、「やさし」と作者が感じているのである。すると、**ア・ウ**のような感じ方はこの場合にふさわしくない。

[参考]

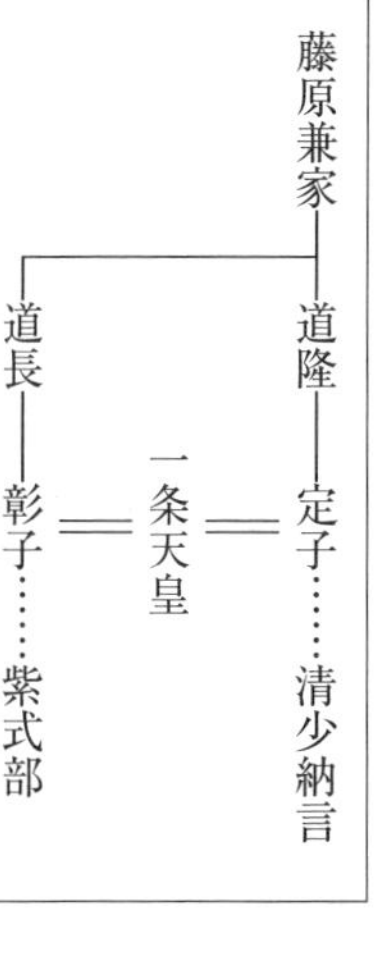

通釈　さて、御葬送の夜、雪が降ったので、野べまでに……＝火葬する野辺まで私の心だけはついて行っているけれど(身はこうして内裏にあるので)私の行幸(みゆき)があるとは気がつかないでいることだろう。また、こんなに深雪(みゆき)が降っているとも気づかないでいるだろう。(天皇が、葬送に行幸するということは禁じられている。せめて心だけでも葬送に参加したいというお気持ちを詠んだ御歌である)

と、(帝が)お詠みなさったということも、たいそうすばらしいことです。定子がこの世からお去りになった後までも、帝は天皇の地位におられながら、おやすみにもならず、定子をお思いなさって、一夜を明かされたということなどをお聞きするにつけても、中宮様はほんとうにすばらしい方と思われます。また、中の関白殿(＝定子の父の道隆)がお亡くなりになり、そのうえ、内の大臣(＝道隆の子の伊周)が流罪になったりして、ご勢力が衰えてしまわれた後年、中宮様がひっそりと心細くいらっしゃった時に、頭の中将なにがしが参上して、御簾の端が風に吹き上げられた所よりのぞいてご覧になったところ、たいそう若い女房で、美しい女房が七、八人ぐらい、とりどりの単衣や、唐衣なども色あざやかに身につけて、おそばにはべっていたのも、たいそう意外で、一家没落後の今は何ほどの優雅なふるまいができる余裕もあるまい、とあなどっていたのも(こんなにご立派にすごしていらっしゃるのを拝見すると)われながら浅はかであったと反省していたところ、庭の草が、一面に青く茂っておりましたので、頭中将が『なぜこんな風に庭草の茂るままにされているのですか。草を払わせてきれいになさいませ。』と申し上げなさっても、宰相の君と申し上げた女房が、『中宮様が「草の茂るままにして露を置かせて眺めたい」とおっしゃって、このままにしてあるのです』と答えたとかいう話は、やはり、中宮様はいつまでも忘れがたくすばらしいと感じさせなさることです。

上東門院の御事は、よい悪いなど批判がましいことを申し上げるべきではないでしょう。何事につけても、すばらしい例には上東門院様がまず引き合いにされるような時勢ですから、とやかく申すまでもありません。何事につけても、さいわいを究めなさった結果、お寿命までたいそう長くて、多くの帝の御薨去におあいになったのが、残念でございます。その度に、(上東門院が)たいそう心を引きつけられるような数々の御歌をお詠みなさったのは、おくゆかしいことでございます。一条院がお亡くなりなさって、

逢ふことを……＝今はもうお逢いすることもなく、嘆き悲しみながら寝入った夜の夢に一条院様を拝見しましたが、こういう夢ではなくて、いつになったら現実にお逢いできるのでしょうか。

などとお詠みなさったのも、たいそう感銘深いことでございます。

25 藤原俊成の代表作 (52・53ページ)

出典…『無名抄』

歌論書。鴨長明著。和歌の故実、詠歌の心得、歌人の逸話などを随筆風に記している。

解答 問一 ア　問二 俊恵　問三 イ　問四 ウ　問五 イ
問六 ア　問七 エ　問八 イ

解説 問一 「白雲を花の面影に先立てて」ということで、「白雲を、目前に桜の咲いた姿として想像して」と解される。複雑な歌なので、かなり難問。 問二 「これをうちうちに」は、「この歌について内々に申したことは」―つまり、俊成には秘密に「面影に……」の歌を批判したのである。俊恵が俊成から聞いて来た事を長明に語り、さらに内緒話を付け加えているという記述形態である。 問三 「身にしみて」などと、はっきり表現し過ぎたことを悔やんでいるのである。 問四 「なりぬる」は「成りぬる」である。こんなにもすばらしく出来上がった歌ということである。ただし、それでも欠点があるということを次に述べている。 問五 古語の「けしき」は、**目に見える様子を言う言葉で単に風景の意味ではない**。(目に見えない様子は「けはひ」である)なお、「けしき」には情趣という意味もあるが、この場合は、「情景を言い流して」、何となく「身にしみけむかしという情趣」を感じさせる……ということなのだから、エは適当でない。 問六 「れ」は「し」(過去の助動詞「き」の連体形)に付いているから、連用形でなければならない。 問七 波線部の上に「や」という係助詞がある点に注意する。 問八 歌を五・七・五・七・七に句切ってみるとわかりやすい。

〈下二段活用の「給ふる」〉

下二段活用の「給ふる」は、謙譲語と言われているが、解釈の際は丁寧語のつもりで訳すとよい。『……これをなむ、身にとりて、おもて歌と思ひ給ふる』は、「なむ」の結びだから連体形である。連体形が「給ふる」となっているから、これは下二段活用で、謙譲語である。しかし謙譲語だからといって「思わせて頂きます」などと解釈したのではサマにならない。「思っております」と、丁寧語のつもりで訳すのがよい。なお、下二段活用の「給ふる」は、会話や手紙の中で補助動詞として使われるだけである。終止形も命令形も用例がない――そこで、下二段活用の「給ふる」と言われる。[本来はその終止形は「給ふ」なのだが用例がないので連体形で言う]

通釈　俊恵が言うことには、「五条三位入道のみもとに参上した時に、『あなたがお詠みになった歌の中では、どれがすぐれているとお考えですか。他の人は様々に定めておりますけれども、それをそのまま採用することはできません。ご本人から確実にお聞きしましょう』と申し上げたところ、

『夕されば……＝夕暮れになると野辺の秋風が身にしみるように思われて、鶉が鳴いている声が聞こえるよ、深草の里で。

これを、私にとっては、代表作と思っております』とおっしゃったので、私俊恵がまた言うには、『世間で広く人々が申しますには、

面影に……＝遠い山の峰にかかる白雲を満開の桜の花のように想像して、それにひかれて幾つもの峰を越えてきてしまったよ。

これをすぐれているように申しておりますが、それはいかがですか』と申し上げると、『さあ、それはどうだか。よそではそのように定めているのでしょうか、私は知りません。やはり自分としては、その歌は先程の歌にはとても比較できません』ということでした」と語って、さらにこの件について俊恵が私に内々に申したことは、「あの歌は、『身にしみて』という第三句が、非常に遺憾に思われます。これほどの出来の歌は、具体的な情景をさらりと表現して、何となく「身にしみたことであろう」と読む者にその情趣を感じさせるのが、奥ゆかしくも、優雅でもございましょうが、……（以下に「このような、歌のポイントとも言うべき語を、そのまま歌に詠み込んでしまったので、歌が浅薄なものになってしまった。これは、誠に残念なことだ」という意味のことが述べられている）

26　八講の見物　(54・55ページ)

出典…『枕草子』

随筆。清少納言作。中宮定子に出仕してから中宮死去までの約八年間の宮廷生活の見聞や自然・人生についての随想を記している。平安時代中期の成立。

解答　問一　ア　問二　ウ　問三　イ　問四　エ　問五　ウ

解説　問一　助動詞「む」の連体形には、**仮想**（モシ〜トシタラ）と**婉曲**（訳さなくてよい）という特殊な意味用法がある。「遅からむ車」は明らかに連体形である。したがって、**イ・ウ**は終止形なので不可。**エ・オ**も「む」のところで句切れになっているから、結局終止形なのでこれも不可。　問二　「げに」という副詞は、**前に聞いた他人の言葉通りであったという意味合いを持つ言葉**である。その他人の言葉は「遅からむ車」は「立つべきやうもなし」である。その言葉通り、車の止めようもないというのである。なお、傍線部②の上に、「露とともに起きて」とあるが、この「て」は逆接の意味で、「〜のに・〜けれども・〜ても」と訳す。　問三　「みなづき」は、漢字では「水無月」と書く。ひでりで、水飢饉という意味である。旧暦は、新暦より一ヵ月くらいずれるから、旧暦の六月は新暦の七〜八月の感じになる。　問四　「語注」の「懸盤」の説明に注意。「膳」だから、当然食物が載せられている。**着物・食物・乗り物がある場合の「まゐる」は「お召しになる」**という意味の尊敬語である。したがって、ア・ウ・オは不可、さてお召しになるのは誰か？　**主語が先に書いてあるのが、日本語の原則**だが、この場合は例外である。

問五　アは「左右の大臣たちをおき奉りて」、イは「帷子どもぞすかし給へる」、エは「撫子のいみじう咲きたるにぞいとよく似たる」という部分を注意深く読めば、これらが誤答であることがはっきりする。■このように、丁寧に読まねばならぬ部分と、ざっと読みとばしてよい部分がある。**設問に関係する部分の前後の問題文は丁寧に読む、他はざっと読む**。この使い分けは容易ではないが、多くの問題を解いているうちに体得出来ることである。全文を丁寧に読むという時間は本番の際にはとても取れない。また、近ごろ、全文訳をしてから設問にとりかかるというやり方を見掛ける。そんなことをしたら、この問五のような設問は解けて当然である。そんなやり方で成功感にひたっているのは、ゴマカシの学習である。速やかに改めなければならない。

通釈　小白河という所は小一条の大将殿のご邸宅である。そこで上達部が結縁の八講をなさる。世間の人々は、まことにすばらしい催しだということで、（皆が見物に出かけ）「遅く行く車は、駐車しようもない」というので、朝露といっしょというぐらいに早起きして行ってみたのに、なるほど聞いていた通り車を入れる隙間もなかった。轅の上にまた轅を重ねるような混雑で、三列目あたりまではお説教の声も少しは聞こえるだろうという程の様子である。（陰暦）六月十日過ぎのことで、暑いことは聞いたこともないくらいである。池の蓮を見渡すのだけがたいそう涼しい気持ちがする。左大臣・右大臣は除外申して、他にはおいでにならない上達部はいない。（大将は三・四位、大臣は二位。身分の下の大将が催す場へは大臣は出席しないのである）二藍の指貫、直衣に浅葱色の夏の下着を透かして見せておいでになる。少し年配

の方々は青鈍色の指貫に白い袴で、いかにも涼しそうである。殿上人・若い名家の子弟などは狩装束・直衣姿などでいらっしゃるのもたいそうかわいらしく、その方々はじっと落ち着いてすわってもいられず、あちこちうろうろ動きまわっているのも実におもしろい。

少し日が高くなった頃に、三位の中将が——今の関白様のことだが、当時はまだ中将でいらっしゃったので、そう申し上げていた——唐の薄物に二藍の御直衣、二藍の織物の指貫をお召しになり、濃い蘇枋色の御下袴に、広がった白い単衣のとてもあざやかなのをお召しになって、静かに入っておいでになったご様子は、ほかの方々が軽やかで涼しそうなお姿でいらっしゃる中で、三位の中将の服装はいかにも暑苦しそうであるはずなのに、かえって実にすばらしくお見えになった。朴の木の骨とか塗骨とか、扇の骨は違っても、ただ赤い紙の扇をどなたもお使いになっているのは、撫子の花が咲きそろっているのにまことによく似ている。

まだ講師も高座にのぼらないうちに、お膳を運んできて、何であろうか、食べ物を召し上がっているのであろう義懐の中納言のご様子が、いつにもましてご立派でいらっしゃるのが、この上なくすばらしかった。

27 出家の心得 (56・57ページ)

出典…『徒然草』(五四段) 7参照。

解答 問一 出家 問二 しばらく待て。これを済ませてから。
問三 ウ 問四 出家する。 問五 エ 問六 と言うであろうか。いや、言うはずがない。 問七 嘲り 問八 死 問九 イ

解説 問一 第二段の「命は人を待つものかは」や「無常の来る事は……速かに」などとある点に注意すれば、これは仏教的な教訓の段と気が付くはずだ。なお、『徒然草』には次のような内容の段がある。① 仏教的教訓(主として無常の迅速なことを説く) ② 自然の美 ③ 人間性の探究 ④ 王朝時代の賛美 ⑤ 故実の考証(入試にはほとんど出ない)**出典が『徒然草』だと分かったら、まず、このいずれの内容に属するか? と考えてみるのが問題解法の秘訣である。** 問二 「しばし」の下には当然何かの言葉が略されている。これを補って解釈する。(**古文は、省略が多い。省略を巧みに補うのが、解釈の秘訣ともいえる**)なお、「何字以内」という場合は、句読点も含んで何字以内というのが普通である。**字数制限があるからといって、苦しまぎれに必要な句読点まで除去して答えてはいけない。** 問三 「同じく」は形容詞「同じ」の連用形である。これに、係助詞「は」が付いて、仮定条件を表している。選択肢の中で、仮定条件で解釈しているのは、**イとウだけ**である。**イ**は「考えるなら」などと、本文では言っていないことまで(または、本文から当然推測出来る以上のことを)補っているので、正解にはなり得ない。 問四 設問が、少々ひねくれている。気を付けて読めば、すぐ気付くのだが、「少し心あるきは」と「心あるきは」は全く違うのである。これを見落とすと、正解には到達出来ない。つまり「心あるきは」は「大事を思ひ立たん人」、そして「無常の来る事の速か」であることを悟っている人と同じ人なのである。そういう人ならどうするか? たちまち、正解が出る。 問五 「近き火などに逃ぐる人」はどうするか? 「大事を思ひ立たん人」はどうすべきだと言っているか? これを、間違いなく読み取れば正解は容易。(傍線部ばかりに気を取られて、その前後をしっかり読まない人がよくある。この設問などは、傍線部の後を熟読すれば正解間違いなしという類である) 問六 「や」は係助詞で、疑問・反語を表す。疑問であるか、反語であるかは、助詞の前後の表現から考える。なお、反語の場合は、必ず「**Ⓐ～であろうか。Ⓑいや、そんなことはない**」という形で答えること(よく、反語の場合でも、Ⓐだけを答えている人があるが、Ⓐだけでは、疑問なのか、反語なのか採点者には分からない。分からない答案はバツというのが原則である。**反語の場合は必ずⒶ・Ⓑ両方を答える**ように習慣付けてほしい) 問七 「対応」とは、つぎのような関係にあることをいう。

> ある種類に属する[一つ一つ]が
> 他の種類の [一つ一つ]に対して
> 決まった関係(対立・並立等)にあること。
>
> こちらにとって[恥]は、
> 相手にとっては[嘲り]となる。(対立の関係)

問題文には、「嘲り」に振り仮名が付いているが、**書き抜いて答える場合は、振り仮名は付けなくてよいが**、問題文通りに、**誤記のないように**、また、文の

場合は**句読点も落とさずに書く**ことが肝要である。　**問八**　「**無常**」は、しばしば、「**死**」の意味で用いられる。　**問九**　ことわざの意味は「飛び立つ鳥は、あとを濁すようなことはしない」だが、「しかしここで著者は」という部分に注意すれば、ことわざで言っているのとは逆のことを答えるべきだということに気づくはずだ。「ラディカル」は、本来は根源という意味だが、過激・極端という意味にも用いられ、日本では後者の意味の場合が多いようである。

通釈　出家するという一大事を決意するような人は、捨てがたく心にひっかかる様々な用事を果たさないで、そっくり捨ててしまうべきである。「しばらく待て。これを済ませてから」とか、「同じことなら、あのことを処理してしまってから」とか、「これこれの事については他人にあざ笑われるだろうか(そうなるかもしれない)。将来、非難されないように全部始末をつけてから」とか、「長年の間、こういうやり方で無事にやってきたのだ。処置に大して時間はかからないだろう。あわてて騒ぐことのないようにしよう」などとあれこれ考えてしまうと、避けられない用事ばかりがますます重なって、用事のなくなる際限もなく、出家を思い立つ日もあるはずがない。一般に、世間の人を見渡してみると、少し分別がある人は、みな、このような(出家しようという)心づもりだけで、一生が終わってしまうようである。

　近所の火事などで逃げ出す人は、「しばらく待ってみよう」などと言うであろうか。言うはずがない。自分の身を助けようと思うと、恥をも顧みず、財宝をも捨てて逃げ去るものなのだ。寿命は人を待ってはくれない。死の到来は水や火が襲いかかるのよりも速く、逃げ去ることができないものなのに、その時になって、年老いた親や、幼い子や主君の恩や人情などを、見捨てがたいからといって、見捨てないわけにいこうか。いや、それとて見捨てねばならないのだ。

28　六と禄の間違い話　(58・59ページ)

出典…『宇治拾遺物語』

説話集。作者未詳。鎌倉時代初期成立。『今昔物語集』の系統を引くが、仏教的な話が多い。

解答　問一　①エ　②ア　③エ　④イ　問二　ウ　問三　Aウ　Bア　Cオ　問四　三箇所　問五　イ・エ　問六　ア

解説　**問一**　①はあまり見掛けない語だが、この女に関して「もてなし興じける」とか「つれづれ慰めん」という表現がある点から考えると、分かるだろう。②はこの後の「『便なく候ふ』と申して、恐れ申し候ふなり」という表現から考えるとよい。③の「ひが事」は、「僻事」で正しくない事。(重要語)　④の「うるはし」は本来「きちんと整っている」という意味。後に「整っている美」という意味になり、現在は単に「美しい」という意味になった。(**古語と現代語の意味を混同しない**ように注意したい)　**問二**　問一の②と関連する設問。こういう場合は、関連する設問の解答が矛盾しないように注意。互いに矛盾しないように考えれば、自然に正答が出せる。(なお、「恐悦」は相手の好意に感謝する時に用いる言葉で「恐悦至極に存じます」などと使う)
問三　Aは殿上人の言い付けに従って、侍が案内している場面だから二方面への敬語(謙譲＋尊敬)で「給ふ」。(命令形を使って「給へ」となる)　Bは身分が低いものが、上の人の所へ行く場合なので、「参上する」という表現を使う。(ここでは連体形使用)　Cは「いよいよ」とあるから、前に恐れていた態度がいよいよひどくなったと考えるべきである。(ここでは連用形使用)
問四　「六とぞいひける。」、「ひが事にてこそ候ふらめ。」、「やうぞあるらん。」の三箇所。「係り結び」の法則はぜひ暗記しておくこと。　**問五**　解答は一つとは限らない。厄介であるが、丁寧に検討しないと正答に達し得ない。全文を丁寧に読む必要があるので、こういう設問は**時間があったら取り組む**というつもりで、むしろ、他の設問の解答を完璧にすることを先行させるのがよい。**イ**は「いわれのない叱責と詰問」、殿上人はこんなことは誰も考えていない。興じたり、つれづれを慰めようとしているだけである、**エ**は六が何かたくらんだというような事は、どこにも書かれていない。　**問六**　初めからしまいまで、六と禄を聞きちがえた「誤解」にもとづく話である。

通釈　これも今となっては昔のことだが、白河院の御代に、北面の武士の詰め所に賢い女がいたそうだ。名は六と言った。殿上人たちが、かまっておもしろがっていたが、雨が静かに降って退屈であった日、ある殿上人が、「六を呼んで退屈しのぎをしよう」と言って使者をやって「六を呼んで来い」と言ったところ、間もなく使いの者が、「六を召し連れて参りました」と言ったので、「あちらから院の御所の客間の方へ連れて来い」と言ったので、侍(おそば仕え)が表へ出てきて、録に「こちらへおいでなさい」と言うと、録は「それはとんでもないことです。」などと言うので、侍が帰ってきて「召し入れますと、録は『とんでもないことです』と申して恐縮しております」と言うので、強いて拒むのであろうと思って、「なぜそんなことを言うのか。すぐに来い」と言うけれども、録は「何かの間違いでございましょう。以前にも院の御所の客間などへ参ったこともありませんのに」と言ったので、ここに大勢いた人々も「かまわず参上しなさい。お前を呼ぶのは何かわけがあるのだろう」とせきたてたので、録は「とんでもない恐れ多いことですが、お召しですから(うかがいました)」と言って参上した。ここの主人が見やると、刑部省の録という役人で、びんにもひげにも白髪がまじったありさまで、とくさ色の狩衣に青袴をはいている者が、たいそうきちんとして、さやさやと衣ずれの音を立てて、扇を笏のようにして持って、少しうつ伏せになってうずくまってすわっていた。殿上人は、(六という女でなくて録という役人だったので)これには全く何とも言いようがなくて、ものも言えないであきれていたのに、一方、この役人の録は、ますます恐れかしこまって平伏していた。

29 「綱手かなしも」の歌 (60・61ページ)

出典…『百首異見』(小倉百人一首の注釈書)

解答 問一 永遠に不変であってほしいなあ。 問二 イ
問三 ア 問四 みちのく 問五 本歌取り 問六 エ
問七 イ

解説 問一 『百首異見』の冒頭に一応の解釈がしてあるのを参考にする。中程に嗟歎の「てにをは」とあるので、口語訳の末尾は「なあ」と、詠嘆の表現にする。 問二 「あかぬ」は「飽く」に打消「ず」の連体形「ぬ」が付いたもの。「飽く」は十分満足するという意味。 問三 冒頭の「世の中は命死なず常なるものにもあれな」を思い出すことが肝心。 問五 **古歌の一部を自作の歌の中に取り入れて、イメージを拡張し余韻余情を深める技巧を「本歌取り」という。** 問六 「さ」は「あはれと見たるなり」を受ける。 問七 「そのかみ」はその昔。「綱手引く」情景が見られた時はいつかと尋ねているのである。■出典も問題文も、あまり見掛けないもので、「これは大変だ」と思ったかもしれない。しかし、設問を見ると、ごくありきたりのもので、基礎力がありさえすれば別に何でもない。**出典や問題文が難しそうな場合は、設問はやさしいというのが通例である。**

通釈 世の中は……＝世の中は(すべて)常に変わらないでほしいものだ。波打ち際を漕いでゆく漁師の小舟を綱で引いてゆく景色が、しみじみと心をうつことだよ。

この歌は『新勅撰集』の羇旅の部、「題しらず」(無題)の歌である。「世の中は寿命が尽きることなく、不変のものであってほしいものだなあ、今この浦の渚を漕いで渡る漁師の小舟を引き綱で引いてゆく様子は、身に沁みいるばかりしみじみと感じ、また風流なものだなあ」という意味である。それにしても、何度も繰り返しやって来て見たいものだなあと見飽きることのない情景に接して、改めてそこから諸行無常(すべてのものは移り変わるという仏教の考え)を悟ることは、感情の極致である。このような心のおもむきを表現することは古歌に多い。すなわち、この歌の第二句は『万葉集』巻一に、

河上乃……＝川のほとりの清浄な岩々に草が生えないでいつも若々しいように、いつまでも変わらずにありたいものだ、永遠の乙女で。

とある第四句とおなじである。「がもな」という表現は、「がも」という語に「な」という語がついたものである。後世の言葉でいうと、願望の「がな」という語に「も」という語が加わったものである。いずれも感動の「てにをは」(詠嘆の助詞)が重なって用いられるので、調子がとてもゆったりとなって、末長く変わらないようにと願っている気配が自然と感じられるものである。第五句は『古今集』の、

陸奥は……＝陸奥の地はどこでも趣があるが、この塩釜の浦を綱に引かれながら漕いでゆく舟の景色はしみじみと心を打つことだなあ。(この解釈はいろいろな異説がある)

とあるのを本歌としてお取りになっている。この『古今集』の歌の「綱手悲しも」は、引き綱を引いてゆく舟が悲しいということではない。引き綱を引いてゆく景色をしみじみと心を打つことだと見ているのである。引き綱を引いているような景色は、そのように感動するほどのものではないだろうと思われるけれども、『古今集』や『新勅撰集』の歌が詠まれたときには、どのような景色であったのだろうか。おそらく見る価値のある風景であったにちがいない。

30 木曾路の旅 (62・63ページ)

出典…『更科紀行』

俳諧紀行。松尾芭蕉作。一六八八～八九年成立。名古屋から木曾路を経て、姨捨山の月見をして、江戸に帰る間の紀行文である。

解答　問一　エ　問二　ア　問三　b　問四　奴僕　問五　ウ　問六　ウ

解説　問一　芭蕉の作品の中で「雲」は自然を表す場合によく使われる。問二　傍線部②直前に注目する。「木曾路は山深く道さがしく」とある。道が険しいことが書かれている。また、寝ることによって取り戻すのは体力である。問三　③の格助詞「が」と同じ主格の用法である格助詞「の」を探す。問四　傍線部④直前に注目する。奴僕が道を恐れる気配のないことが書かれている。　問五　本文全体に注目する。道の険しさや道連れになった僧の様子から、何かと危険や困難がともなう旅であることが分かる。　問六　芭蕉と旅を共にしているのは門人である越人(えつじん)と荷兮(かけい)が送った奴僕の二人である。僧は旅先で出会った人物である。

通釈　更科の里、姨捨山の月を見ることを、しきりに勧める秋風が心に吹き騒いで、ともに自然の中にさすらいたいという思いにかられるものがもう一人(いて)、越人という。木曾路は山深く道が険しく、旅寝を続ける体力も気がかりだといって、荷兮子が下男を付けて送らせる。それぞれ気を遣うといっても、旅路の事はよく分からないようであって、ともにたよりなく、ものごとの順序が後先になるのも、かえっておもしろいことばかりが多い。何とかという所で、六十歳ほどの仏道に帰依した僧で、風流も情趣も解しそうでなく、ただむっつりとした者が、腰が曲がるくらい物を背負い、息を切らして、足は刻むように歩いてきたのを、一緒に行った人〔＝芭蕉の連れの者〕が気の毒がって、それぞれ肩にかけていた荷物を、あの僧の背負っている物と一つにまとめて馬に付けて、私をその(馬の)上に乗せる。高い山、鋭い峰が頭の上におおい重なって、左は大河が流れ、崖下の深い谷に不安を感じ、狭い道も平らではないので、(馬上の)鞍の上は心穏やかでなく、ただ危険を心配するばかりである。

かけはし・寝覚めの床(という所)などを通り過ぎて、猿が馬場峠・立峠などは四十八曲がりとかいうことである。山道がうねうねと続いて、(まるで)雲の中を歩いている心地がする。歩いていく私たちでさえ、目がくらくらして、生きた心地がせず、足もおぼつかないのに、あの連れている下男はたいして恐ろしい様子も見えなくて、馬上で、ただもう眠りに眠って、落ちそうになることが何度も度重なったのを、後ろから見上げてとんでもなく危なっかしい。仏の御心に人々のつらい世の中をご覧になる(心地も)このようであろうかと、人の世の移り変わりの慌ただしさもわが身に顧みられて、(激しいことで有名な)阿波の鳴門は(これに比べれば)波風もないことである。

◇動詞活用表

活用の種類	例語	語幹	行	未然形	連用形	終止形	連体形	已然形	命令形	その他の例語
四段活用	言ふ	い	ハ行	は	ひ	ふ	ふ	へ	へ	書く・行く・住む・騒ぐ・思ふ
上一段活用	見る	(み)	マ行	み	み	みる	みる	みれ	みよ	着る・似る・干(ひ)る・射る・居(ゐ)る
上二段活用	過ぐ	す	ガ行	ぎ	ぎ	ぐ	ぐる	ぐれ	ぎよ	尽(つ)く・朽(く)つ・恋ふ・老ゆ・閉づ
下一段活用	蹴(け)る	(け)	カ行	け	け	ける	ける	けれ	けよ	(「蹴る」一語だけ。)
下二段活用	受く	う	カ行	け	け	く	くる	くれ	けよ	隔(へだ)つ・憂(うれ)ふ・求む・越(こ)ゆ・愛(め)づ
カ行変格活用	来(く)	(く)	カ行	こ	き	く	くる	くれ	こ(こよ)	(「来」一語だけ。)
サ行変格活用	為(す)	(す)	サ行	せ	し	す	する	すれ	せよ	(「す・おはす」だけ。)
ナ行変格活用	死ぬ	し	ナ行	な	に	ぬ	ぬる	ぬれ	ね	(「往(い)ぬ・去(い)ぬ・死ぬ」だけ。)
ラ行変格活用	有り	あ	ラ行	ら	り	り	る	れ	れ	(「あり・をり・はべり・いまそかり」だけ。)
主な接続語				ズ	タリ	○	トキ	ドモ	(ヨ)	

◇形容詞活用表

活用の種類	例語	語幹	未然形	連用形	終止形	連体形	已然形	命令形	その他の例語
ク活用	よし	よ	く から	く かり	し	き かる	けれ	かれ	明(あか)し・多し・暗し・寒し・白し・高し・なし・早し・細し
シク活用	美し	うつく	しく しから	しく しかり	し	しき しかる	しけれ	しかれ	うれし・恐ろし・悲し・苦し・恋し・寂し・楽し・をかし
主な接続語			ハ・ズ	ナル・ケリ	○	トキ	ドモ	(ヤ・ヨ)	

◇形容動詞活用表

活用の種類	例語	語幹	未然形	連用形	終止形	連体形	已然形	命令形	その他の例語
ナリ活用	静かなり	しづか	なら	なり に	なり	なる	なれ	なれ	哀(あは)れなり・麗(うら)らかなり・穏(おだ)やかなり・艶(つや)やかなり・遥(はる)かなり
タリ活用	堂々たり	だうだう	たら	たり と	たり	たる	たれ	たれ	堂々たり・騒然たり・遅々(ちち)たり・荒涼たり・漫々(まんまん)たり
主な接続語			ズ	ケリ・ナル	○	トキ	ドモ	(ヤ・ヨ)	

◇主な助動詞の活用表

助動詞	主な意味	未然形	連用形	終止形	連体形	已然形	命令形
き	過去〔～た〕	(せ)	○	き	し	しか	○
けり	過去〔～た〕・詠嘆〔～たなあ・ことよ〕	(けら)	○	けり	ける	けれ	○
る	受け身〔～れる・られる〕・自発〔自然に～する〕・可能〔～できる〕・尊敬〔お～になる・なさる〕	れ	れ	る	るる	るれ	れよ
らる		られ	られ	らる	らるる	らるれ	られよ
す	使役〔～させる〕・尊敬〔お～になる・なさる〕	せ	せ	す	する	すれ	せよ
さす		させ	させ	さす	さする	さすれ	させよ
ず	打ち消し〔～ない〕（否定）	ず ざら	ず ざり	ず	ぬ ざる	ね ざれ	ざれ
ぬ	完了〔～てしまう〕・強意〔きっと～する〕	な	に	ぬ	ぬる	ぬれ	ね
たり	完了〔～てしまう〕・存続〔～ている・てある〕	たら	たり	たり	たる	たれ	たれ
む（ん）	推量〔～だろう〕・意志〔～う・たい〕・勧誘・適当〔～のがよい〕・仮定・婉曲（えんきょく）〔もし～したら～ような〕	(ま)	○	む（ん）	む（ん）	め	○
べし	推量〔～だろう〕・意志〔～う・たい〕・適当・当然〔～のがよい〕・義務・命令〔～せよ〕・可能〔～できる〕	べく べから	べく べかり	べし	べき べかる	べけれ	○
らむ（らん）	現在推量〔今頃（いまごろ）は～だろう〕・現在の原因推量〔～のだろう〕・伝聞・婉曲〔～とかいう・ようだ〕	○	○	らむ（らん）	らむ（らん）	らめ	○
けむ（けん）	過去推量〔～ただろう〕・過去の原因推量〔～たのだろう〕・過去伝聞・婉曲〔～たという・たようだ〕	○	○	けむ（けん）	けむ（けん）	けめ	○
らし	推定〔～らしい〕	○	○	らし	らし （らしき）	らし	○
なり	伝聞〔～だそうだ〕・推定〔～ようだ〕	○	（なり）	なり	なる	なれ	○
なり	断定〔～だ・である〕・存在〔～にある〕	なら	なり に	なり	なる	なれ	なれ
たり	断定〔～だ・である〕	たら	たり と	たり	たる	たれ	たれ
ごとし	比況〔～のようだ・と同じだ〕	ごとく	ごとく	ごとし	ごとき	○	○

◇その他の助動詞

しむ〔使役・尊敬〕・じ〔打ち消し推量〕・まじ〔打ち消し推量〕・むず（んず）〔推量〕・まし〔推量〕

まほし〔願望〕・たし〔願望〕・つ〔完了〕・り〔完了〕・めり〔推量〕

基礎をしっかり固める

トレーニングノート

Training Note α

現代文読解

■ 新課程対応

	基礎	標準	発展
本書 トレーニングノートα			
姉妹版 トレーニングノートβ